中国农村地区信用体系建设
——基于教育发展

叶尔肯拜·苏琴　著

上海财经大学出版社

图书在版编目(CIP)数据

中国农村地区信用体系建设:基于教育发展/叶尔肯拜·苏琴著. 一上海:上海财经大学出版社,2018.10

ISBN 978-7-5642-3101-9/F·3101

Ⅰ.①中… Ⅱ.①叶… Ⅲ.①农村信用-体系建设-研究-中国 Ⅳ.①F832.43

中国版本图书馆 CIP 数据核字(2018)第 190084 号

□ 责任编辑 胡 芸

□ 封面设计 张启帆

中国农村地区信用体系建设

——基于教育发展

叶尔肯拜·苏琴 著

上海财经大学出版社出版发行

(上海市中山北一路 369 号 邮编 200083)

网 址:http://www.sufep.com

电子邮箱:webmaster @ sufep.com

全国新华书店经销

江苏凤凰数码印务有限公司印刷装订

2018 年 10月第 1 版 2018 年 10月第 1 次印刷

710mm×1000mm 1/16 11.5 印张 171 千字

定价:58.00 元

前　言

受经济二元增长模式的影响，我国农村地区和城市地区的金融体系也具有二元增长的特征。当前，我国农村地区出现的很多经济领域中的问题，集中反映在混乱的金融秩序上，实际上也体现了农村地区新旧金融体制之间的冲突，即农村地区旧的金融体制已经无法满足新的社会主义经济发展的需求，因此不仅要对农村地区的经济发展进行改革，也要及时调整农村地区的金融发展体制。

金融风险控制是金融建设的重要部分，目前我国农村地区的信用建设比较薄弱，农村地区大部分人口没有信用意识或信用意识淡薄，也缺乏对信用记录的关注，这既有信用主体的主观忽视性的影响，也体现了制度层面建设的缺失。在现代经济关系中，信用关系已经成为最重要的经济关系之一，良好的信用建设有助于加速资金融通，促进农村地区融资活动的快速发展，并建立良好的金融秩序。通常来说，信用是以偿还和付息为条件所形成的商品或货币的借贷关系，或债权债务关系，其内涵随着商品经济的发展也在不断地进行调整。从信用发展的内在逻辑来说，其与商品经济的发展息息相关，尤其是商品经济中的经济体系和金融体系。本书主要讨论我国农村地区信用体系建设的相关问题。农村信用体系的建设，涉及多个维度，包括农村地区的教育普及、不同阶段教育的发展情况、劳动力的就业情况、农村劳动力的经济收入水平等。如果不考虑这些情况，只从信用建设的单个角度讨论农村信用体系，则事倍功半。任何地区金融的发展都离不开社会环境因素，尤其是我国的农村地区。

基于现有的农村金融体制无法满足农村金融发展的实际需求的背景，本书对农村信用体系建设的讨论，围绕我国农村的金融发展轨迹、农村金融发展的主要相关理论、农村地区的经济发展与教育发展相关性、非农就业等角度展开，从多个维度分析农村信用体系的建设和相关要素。随着经济和社会的发展，农村地区信贷关系中的信用内涵在不断地发生变化，传统的基于熟人社会的农村社会信用机制已经无法适用于现代经济关系，或传统的农村熟人信用机制必须顺应时代的发展做出改变。信用体系的建立需要有合理的指标体系，从而在信贷关系发生时可以对农户进行信用风险的衡量。其中，教育在信用体系建立中的信号作用常常被忽略。农村地区的教育是连接信用建设和经济收入之间的重要纽带。教育发展能够提高民众的信用意识水平，提高大众对信用的重视程度，而教育水平又与就业、经济收入水平息息相关。农民的教育发展，有助于农村劳动力在劳动力市场上得到最有效的人力资本配置，并通过相应制度和政策调整改善农民工教育失配情形，从而优化教育失配的收入效应。因为教育与工作失配的程度，在一定程度上可能会加深农民工和其他劳动力群体之间的不平等，从而影响农民的非农就业收入。收入作为信用体系中一个比较重要的客观指标，对信用评价的指标体系非常重要。此外，对农民工教育与工作匹配情况的研究，有利于发现农民工教育和工作之间存在的结构性矛盾，从而可以更有针对性地解决现有的经济和金融中的主要问题。本书由此对我国农村地区劳动力的农业就业特征、非农就业特征以及农村地区劳动力的教育体系进行研究，有助于农村地区农户信用体系的建立。围绕影响农村农户信用体系建立的相关因素，基于人的生产行为和生产决策的变化，以及群体教育程度的变化特征，本书试图梳理农村正规金融和非正规金融之间的信用关系，揭示非正规金融对农村信用体系建立的效率方面的促进作用和对社会发展的负面影响，以及农户与农村正规金融之间的单项依赖的信用关系。本书的内容主要从我国农村金融体系的发展、国内外农村金融体系比较、农户信用行为机制和调整等方面展开，并以教育发展为主线，分析农村劳动力非农就业情况、非农就业与教育发展的关系、经济收入等问题，从而服务于农村信用体系的建设。

由于作者才疏学浅，本书可能有不尽之处，敬请读者批评指正。此外，本书还有很多可以继续深入研究的地方，比如对不同区域农村地区的信用发展情况做比较、教育发展水平对信用发展的实证相关性、信用建设较好的地区的经验是否有复制性等，有待在今后的学习工作中进一步分析、探讨、总结。

本书的完成，要感谢很多给予我帮助和指导意见的人，包括我的家人、读书时期的导师、同学以及同事。谢谢你们！

叶尔肯拜·苏琴

2018年8月　上海　五角场

目录

Contents

第一章　农村地区信用体系与教育发展

我国农村地区在社会和经济发展过程中遇到了很多问题，尤其以“农村经济发展缓慢、农民增收困难、农民负担沉重”为核心的“三农”问题，成为阻碍我国经济发展的“瓶颈”。1997 年以后农民的人均年纯收入增长缓慢，农民负担过重，农田大面积抛荒，粮食产量连年下降，农村经济发展停滞甚至倒退，生产性借贷增长。与此形成比较的是，城市地区的经济快速发展，形成了二元增长模式。受经济二元增长模式的影响，农村地区和城市地区的金融体系也形成了二元增长的特征。当前我国农村地区出现的很多经济领域中的问题，集中反映在农村地区混乱的金融秩序上，实际上也反映了农村地区新旧体制之间的冲突。农村地区旧的金融体系已经没有办法满足新的社会主义经济发展的需求，因此不仅要对农村地区的经济进行改革，也要及时调整农村地区的金融发展机制。经济二元增长和金融二元增长带来的农村地区金融体系的独特特征和引发的种种问题，在 20 世纪 80 年代开始大规模地进入国内学者的研究视线。对农村地区的金融体系的研究，涵盖了农村地区的金融体制的发展过程、农户的投资、消费、储蓄、家庭人口再生产、就业决策等经济生产行为。1994 年确定的市场经济体制改革，反映在农村金融体系中就是利用市场机制分配农村信贷资金。2005 年的中央一号文件也明确提出要培育竞争性的农村金融市场。对此，我国农村金融体系改革的重点应该是如何建立一个能支持我国农业持续发展的有活力的农村金融体系。其中，完善的农村金融信用体系对农业的现代化和产业化都非常重要。伴随着 80 年代政府对农村金融体系的改革，与金融改革带来的进步同步，农村地区的金融体系开始出现一些较为现实的问题。比如，为了适应不断变化的充满竞争力的外部环境,农村信用社的发展取得了不错的成绩,其经营状况和资产质量与以往相比都改善了许多。但农村金融体系无法满足农村金融发展的实际需求,比如目前农村地区存在很多活跃的民间金融机构。这些民间金融机构的存在,也正说明了农村正规金融体系存在的缺陷。由此,建立一个优胜劣汰、良性竞争的农村金融体系显得非常重要。据有关部门研究,到 2020 年,新农村建设需要新增资金 15 万亿～20 万亿元。农村建设需要的资金需求量巨大,仅靠农村自己的自我资本积累完成不了这个目标,必须借助外力来解决农村地区资金需求的问题。从全球化的角度看,金融全球化给我国农村地区的金融改革带来了新的挑战。中国在国际舞台上竞争,作为薄弱环节的农村地区的问题就显得格外突出,其中,农村地区的金融改革迫在眉睫。因此,鼓励多种金融机构共同发展、共同竞争是大势所趋。

针对这些问题的研究,一个关注点是希望政府增加对农村金融市场的政策性资金的供给;另一个比较主要的关注点是增强农村地区的正规金融组织和机构,比如中国农业银行、农业发展银行和农村信用社等,通过发展正规金融机构从而服务于农村地区的经济和社会发展。但历经这些年的发展,农村地区的金融体系的改革并不能满足农村地区经济的发展,也没有达到预期的社会效果。学术研究和既有的社会现实将农村地区金融改革的问题原因主要指向顶层设计和基层需求之间的不对称。即长期以来,我国农村正规金融机构的建立和发展,更多是遵循国家政策的偏好,而不是农户的实际需求,再加上农户的效应反馈影响力较低,种种原因的叠加使农户金融在制度和实践中都没有得到足够的重视。然而,现有的大部分研究都只是反映了农村金融的某一个侧面,没有深入触及农户金融问题的核心概念——信用。近些年来,信用问题得到经济学、金融学和社会学的重视。不管是哪一个学科,对信用的研究都得到了一些进展,但是信用问题是一个需要长期关注的领域。纵观农村地区的发展,在从计划经济向市场经济转变的过程中,农户作为微观经济的组成单位,其特征发生了很多变化,包括农业产业结构不断升级换代、农村金融体系从无到有等多种变化。因此,研究农村金融体系中的信用问题,能更好地为农村金融的发展提供微观基础。

首先，农村金融体系的改善和发展，面临着独特的环境。与农村金融体系相对应，城市金融体系飞速发展，城乡之间金融体系的差距越来越大。这进一步加剧了农村的资金流失，也进一步扩大了城乡发展的不平衡。其次，中国银行业监督管理委员会的建立，标志着分行业监管的格局形成。各级监管机构根据授权，统一监管，维护行业的合法稳健运行。同时，央行也继续维护行业的合法稳健运行，一个完善的金融监管体系正在逐步完成，这些措施对坚固农村地区的民间金融提供了外部条件。

“三农”问题向来是我国发展过程中需要解决的重点问题。尤其是随着资本市场的日益成熟，农村地区在过去的几十年脱离主要的经济市场和资本市场，已经与城市地区的发展形成二元结构。在以后的发展中，农村地区的人口和市场都应该较好地纳入总的金融市场，让农村的广大地区和人口都能享受到发展的红利，而不是处于资本输出的角色。本书主要考虑从信用体系建立的角度，研究农村金融体制的改革。金融信用体系的建立与经济的发展密切相关。随着经济的发展，农村地区信贷关系中的信用的内涵在不断发生变化。传统的农村社会的信用制度建立在熟人社会基础上，但熟人社会不断发生变化，农村中的人与人之间关系的紧密度已经不同于以往，所以基于熟人社会的信贷关系已经不适用于现代社会。农户信用关系的建立有利于农村成熟的金融体制和金融市场的建立。在现代经济关系中，信用关系已经成为最重要的经济关系之一。信用有助于加速资金融通，促进地区金融体系中的融资活动的迅速发展。信用是以偿还和付息为条件所形成的商品或货币的借贷关系，或债权债务关系，也是商品经济发展到一定阶段的产物。从信用发展的逻辑来说，信用的发展与商品经济的发展息息相关，尤其是商品经济中的经济体系和金融体系。如前文所说，农村地区的经济发展与金融发展有其特殊性。信用体系的建立需要建立合理的指标体系，从而在信贷关系发生时可以对农户进行信用风险的衡量。其中，教育在信用体系建立中的信号作用常常被忽略。农村信用体系的建立需要基于多种数据。改革开放以来，得益于经济的快速发展，我国的教育投入不断增加，人口流动的地理范围前所未有。如何保障并提高农民工的收入，不仅是国家写在一号文件上的重要议题，也是事关社会稳定的重要现实问题。研究农民的教育发展问题，有助于农民工在劳动力市场上得到最有效的人力资本配置，并通过相应制度和政策调整改善农民工教育失配情形，从而优化教育失配的收入效应。也在于希望通过全社会的共同参与，在保证就业质量的基础上，最大限度地提高农民工群体的收入和工作满意度，从而也能够提高我国农村地区和城市地区的和谐与稳定，有利于制定更好的促进农村发展的相关政策。因此，在考虑教育因素在信用中的权重时，还需要考虑农民个体的教育匹配程度。教育与工作失配的程度，在一定程度上可能会加深农民工和其他劳动力群体之间的不平等，从而影响农民的非农就业收入。收入作为信用体系中的一个比较重要的客观指标，对信用评价的指标体系非常重要。此外，对农民工教育与工作匹配情况的研究，有利于发现农民工教育和工作之间存在的结构性矛盾，从而可以更有针对性地解决现有问题。对农民工教育与工作失配情形的衡量，以及对教育失配分布特征和决定方式的深层次的挖掘，对农村地区的教育发展和教育改革、农民工个体以及相关的用人单位和企业都有实际的指导意义。研究结果有助于指导用人单位重视员工能力以及潜能的发挥，避免造成社会资源和人力资源的浪费。而国家也可以根据目前农民工的就业意愿和实际就业中表现出来的教育与工作失配问题，把握劳动力市场中农民工真实的教育与工作失配现象，及时调整对流动劳动力的各种职业培训体系，从而使劳动力的供给与市场需求更好地契合。

但研究农村地区的信用问题，有必要界定农户信用体系的建立最终会落实到单个人这一主体。由此对我国农村地区劳动力的农业就业特征、非农就业特征以及农村地区劳动力的教育体系展开的研究，都有助于农村地区农户信用体系的建立。在这个过程中，基于人的生产行为和生产决策的变化，以及群体教育程度的变化特征，从而分析农村农户的信用体系建立。围绕着影响农村农户信用体系的建立，本书梳理了农村正规金融和非正规金融之间的信用关系，揭示了非正规金融对农村信用体系建立的效率方面的促进作用，以及农户与农村正规金融之间的单项依赖的信用关系。为了更好地对本书的研究对象进行界定，首先应该厘清几个关键的概念。其一是农民工。本书的主要研究对象为中国的农民工群体。国务院发展研究中心课题组(2010)对农民工的定义为:农民工是我国经济社会转型时期与户籍制度相关联的特殊概念,泛指户口登记在农村、拥有承包经营土地但从事的生产活动与自己的土地相分离、主要依靠工资收入生活的劳动力。程名望等(2006)认为,农民工是中国特殊时期出现的一个特殊社会群体,这个群体拥有农村户籍,并且拥有承包集体耕地,但他们主要在城市地区从事非农生产劳动。本书借鉴这两者对农民工的定义,认为农民工是我国特有的词汇,是指在社会主义市场经济转型过程中特有的具备农业户口身份的劳动力,依靠雇主提供的工作作为主要的谋生手段,但不具有非农业户口的社会群体。其二是贯穿全书的教育与工作失配的概念。教育适配、教育过度和教育不足是教育与工作是否匹配的三种状态。为了对各种情形做出区分,Duncan 和 Hoffman 将教育与工作适配情形作为基准来看待。对此,他们定义了“工作所需受教育年限”(years of schooling required for the job,用 s_r 来表示),其含义是劳动者从事的工作实际上需要多长受教育年限。比如说,对于一个在建筑行业从事泥瓦工的劳动者来说,工作所需受教育年限为 9 年。根据这个参照,如果劳动者的受教育年限刚好为 9 年,那么可以说其教育与工作是适配的。有了适配情形作为参照,失配情形(教育不足或者教育过度)就被定义为受教育年限与“工作所需受教育年限”并不一致的情形。其中,当劳动者受教育年限高于 s_r 时(比如说上述工种中某个劳动者受教育年限为 15 年),就是“教育过度”(over-education)情形;当劳动者受教育年限低于 s_r 时(比如说上述工种中劳动者的受教育年限为 6 年),就是“教育不足”(under-education)情形。使用受教育年限来定义教育与工作适配和失配,是使用最广泛的方法。尽管对教育过度的定义有其他尝试,但极大部分教育过度的研究集中在劳动力的实际受教育年限和工作所需教育是否适配这个问题上。

第二章　我国农村金融体系的发展与现状

一、我国农村金融体系的发展

这么多年来，中国农村金融制度的变迁始终围绕机构设置、中央与地方的集权和分权、体制外金融增量演进为主线，金融制度并未发生过实质性改变。1979年的家庭经营承包制确立了农户独立的经济主体地位，农户成为中国农村最主要的生产经营单位。农户经营制度的确立，改变了农户与农业生产部门、农村金融部门之间的关系。改革前，农业、农村的生产和投资完全由集体决定，贷款的发放也取决于国家计划。农村只是以纯粹的存款者的身份参与农村正规金融市场，而以少量的生活性借贷参与农村非正规金融市场。改革迫使农户参与农村金融市场，以满足其短期的季节性生产和消费需求，以及长期的生产性投资需求，确立了农户在农村金融市场的主体地位。改革也激发了农户作为基础微观经济体，寻求经济发展的动力。

随着经济的发展，农户内部也出现了多种格局，传统均质性的农户群体变成了内部多层次、具有显著结构性区别、异常复杂和特殊的农户群体。农户的分化，使具有特殊资源的农户处于层级的上层，利用其特殊的社会地位为自己谋取更多的资源。而没有特殊资源的农户则处于弱势地位，成为被边缘化的农户。农村社会内部也开始分化为具有多个层级、具有不同利益诉求的多个内群体。农户所处的经济和社会环境，使农户金融的环境和需求都发生了变化。而农村地区的实际金融需求和需求的解决，影响着农村地区金融市场和金融机构的发展与繁荣，也是农村地区金融发展的动力。这其中，农户的信用行为在很大程度上影响着农户收入的增长和增长的潜力，对农村地区信用体系的分析有助于提高整个农村社会的福利水平。农村地区金融的发展，伴随着农村地区金融机构的建立和改革。1979年，我国恢复了中国农业银行。1983年，中国农业银行基本形成了一个独立完整的机构体系。产生于20世纪50年代的农村信用合作社成为中国农业银行的基层机构。1985年，政府开始对中国农业银行展开以商业化为主要内容的改革，调整了中国农业银行同农村信用社之间的关系。农村信用社按照"自主经营、独立核算、自负盈亏、自担风险"的要求从事各种业务，全国各地普遍建立了农村信用社的县级联社。同时，从1986年开始的金融紧缩政策，为农村民间金融组织的发展和民间信贷活动提供了机会。20世纪80年代在农村地区自发产生的农村合作基金会，在这一时期得到了较快的发展。90年代初期，中国经济体制和金融体制不断改革，1994年中国农业发展银行成立以后，农业银行向商业银行转型。由此形成了以合作金融为基础，商业性金融机构、政策性金融机构分工协作的农村金融组织体系。1994年确定的社会主义市场经济，以利用市场机制分配农村信贷资金的方式体现在农村金融体系中。2005年的中央一号文件提出要培育竞争性的农村金融市场，农村金融体系的政策改革核心显示为建立一个能服务于"三农"、有活力的农村金融体系。在不断改革的步伐中，各金融机构的功能也在不断地发生变化。以农村信用社改革为例，国家给信用社的最初定位是为"三农"服务的，但随着社会经济背景的变化和信用社自身的改革，农村信用社已经出现去农化倾向，并且呈现出较为强烈的商业化倾向。究其原因，一方面，大多数农村信用社股金存款化，民主管理形同虚设，人、财、物由上级联社统管等；另一方面，农村信用社实行自负盈亏、自担风险模式，迫使农村信用社不得不追求自身利益的最大化，在贷款投放上逐渐向经济发达的城镇和非农项目集中，最后有可能导致农村金融向县城乃至城市经济靠拢、向工商业靠拢。农村的大量资金流向了城市，农民贷款难的问题并没有得到解决，农村成为城市金融资源的净供给者。一些农村地区的金融机构，比如地方商业银行、邮政储蓄机构等，只吸收存款而不放款，这样大量可用于农村发展的一定的吸引力，从而可以降低其金融资金压力，有助于形成更为成熟的农村金融环境。还有研究表明，农户的借贷行为有助于提高其预期收入，有借贷的农户平均预期收入增长 11.6%，比无借贷的农户高 2.3%。有中长期投资的农户平均收入比没有中长期投资者高近 2 倍，这也许是因为借贷资金用于再生产可以提高收入。但实际问题是，目前农户借贷中的很大占比用于满足农村农户的基本生活需求，并没有应用于农业再生产或家庭再生产，不仅反映了农村公共财政制度的缺失，也导致了农村金融资金的财政化。农户借贷中的大部分用于家庭正常运转或基本的生活，这些行为在一定程度上可以用黄宗智的传统小农理论和徐勇的社会化小农理论来解释，并且两种含义下的小农理论都将长期存在。小农既不追求利润也不追求投资，他们的行为模式不符合现代经济学中的经济个体的投资原则或利润最大化原则，这类小农不是舒尔茨含义下的理性小农。这些非理性小农使理性小农的生存空间变小，因为理性小农—生存型小农有借贷需求时更多地求助于农贷制度。

此外，农村正规金融与非正规金融需求的背离，迫使农村金融需求主体不得不将自己的金融需求转向农村地区的非正规金融。农村非正规金融与农户、农民个体、农村当地小企业的金融需求的特点在某些方面相当符合，在某些地方已经成为农村地区金融主体融资的重要渠道。但是农村非正规金融有很大的缺陷，其组织形式不规范、有一定的蔓延性、缺乏国家法律的支持等，对社会的和谐稳定有一定的影响。另外，农户金融需求的额度出现增长趋势。随着农业经济产业不断升级、结构不断调整以及农村生产经营方式的转变，目前农业生产正从原有的简单生产转向扩大再生产，并由发展劳动密集型向发展资金技术密集型项目转变。生产经营方式也由传统的粗放型逐步转向专业化、规模化、集约化经营。这些都对资金产生了越来越大的需求。

除了农户的金融需求产生的问题，农村金融问题还体现在农村金融的金融供给方面。如果想解决农村金融中的需求和供给问题，就必须对农村地区的金融体系进行彻底的创新。首先，可以通过建立市场竞争体系、构建风险分担机制、建立国家政策支持体系、完善农村金融监管制度等措施来加强农村地区金融基础建设。其次，要重新建立农村金融组织体系。农村金融组织体系是农村金融制度的基础结构，只有功能互补、适度竞争的完善的农村金融体系才能保证农村金融在农村经济发展中的作用。应该大力发展农村金融市场中的缺位部分，如合作性金融、政策性金融、地方中小商业性银行体系、小额信贷等金融组织。要逐步发展规范农村资本市场，要规范和引导农村非正规金融。从农户的金融行为来说，要规范他们的金融行为，增强农户金融行为的组织化程度，通过组织化，分摊农户贷款的风险，增强其信誉，提高其还款能力。目前，我国农村地区金融市场上的农村金融组织包括农民贷款担保协会、农村资金互助组织、金融机构＋龙头企业＋农户模式等。从供给者角度的风险控制看，改革开放以后，农村经济的基本经营形式从集体变为以家庭为单位，经济主体规模的变化对农村地区的金融机构风险控制带来了挑战，其中以家庭为单位的生产经济单位具有分散化、规模化的特征，这直接导致农户贷款规模较小。农业生产的季节性，以及农忙时节对资金的及时性需求要求贷款手续简化。由于农村地区的信用体制不健全，信用信息采集覆盖面较小，导致银行对农户家庭的收支情况不是很了解，对农户贷款的使用情况无法实施有效的监督。一旦贷款投入到风险很大的项目或者风险很大的借贷主体手中，贷款机构很有可能收不回资金。为了抵御收不回贷款的风险，通常银行或其他放贷机构都需要贷款者提供担保。提供担保一是增加了手续的复杂性，使整个借贷流程增加；二是对农户来说，寻找到合适的担保人也成为较复杂的问题。从农村地区金融机构建设的宏观环境看，农村地区金融机构的撤退，增加了农村地区农户金融交易的成本，农户办理贷款的难度增加，降低了对农户的金融信贷服务效率，农户只好转向农村非正规金融领域寻求借贷支持。从总体来看，农村地区金融机构的信贷服务还呈现出信贷期限短、利率相对较高、手续烦琐、信贷服务覆盖率低等特征。

二、农户信贷需求的行为逻辑转变

虽然国内外对信用的研究颇多，信用也伴随着经济的发展出现，又伴随着经济的发展对信用的需求,信用也不断地扩张。但是中国农村地区的信用体系有其自身的特殊性。我国农村经济正处于传统经济向市场经济转型时期,处于这一变革时期的中国农户家庭,其经济活动逻辑和金融逻辑也在不断变化。研究农户信用体系的建立,离不开对我国农村农户信贷需求的行为逻辑的分析。因为农村地区的金融信用逻辑慢慢从熟人社会的背信制度转变为经济社会的契约关系,对其转变的社会背景以及新的契约关系对金融环境的要求,显得尤其必要。农户信贷需求的行为逻辑与农户的经济行为息息相关,尤其对农户的生产行为等基础农业生产尤为重要,所以从现实需求的角度讨论农户信贷需求的逻辑有其现实的意义,对农村地区信用体系的建设有着非常重要的指导性作用,对建立农村地区新型的信用关系也有现实意义。

从农户信用行为看,可以分为农户与正规金融机构、农户与非正规金融机构、农户与农户(农民与农民)之间的信用关系。随着农户面临的市场竞争增加,传统的信用体系已经不能满足目前的金融需求。在传统的农业生产中,农户生产的模式与现在不同,其更依赖于人力、畜力或者更多地依靠自然条件,其生产模式是自给自足的简单再生产,市场参与度较低,小型的生产规模和生产目的使得对资金的需求也很低。在传统的生产中,由于借贷资金较少,甚至不太需要借贷资金。当生产中出现对借贷资金的需求时,农户更多是向邻居、朋友、亲戚进行求助。而随着国家对农业的重视,以及随着我国经济的发展,农业生产更多地进入市场经济中,农户的农业生产不再是简单再生产,而是需要满足市场经济条件的市场交换。随着农业生产的复杂性,以及农业生产技术的进步、外部资金投入的增加、农村土地的适度管理等多个因素的整合,我国农业生产的具体生产过程已经不再依附于农户个体。完整的生产过程中的各种投入需要不断地注入资金,靠农户或农民的微观主体已经很难满足生产投入的需要。由于传统的农业生产向现代农业生产转变,因此对信贷的需求有所增加。

第三章　国内外农村金融风险体系的主要研究

世界各国根据农业人口和农业产业的结构不同，发展出不同的金融体系，适应本国和本地的农村金融体系更有利于当地农村的发展。对国内外主要金融风险体系的研究，将对我国农村金融风险控制有一定的借鉴意义。

一、相关理论研究

从经济理论的发展看，古典学派信用观念算是一个比较早的信用理论流派。信用古典流派产生于资本主义的上升时期。经济学的古典学派主要是指1640～1830年间的研究资本主义生产关系的经济学家，威廉·配第、李嘉图、西斯蒙第、洛克等都属于该流派。古典学派的信用理论主要从货币分配不均和货币资产配置的角度解释信用的产生。古典学派将信用看作借贷关系，由借贷产生的信用代表货币的购买力、财富的使用权、生产利润的能力等。古典学派的信用理论主要探讨银行信用和商业信用，即商业信用和银行信用开始代替金属货币的流通，银行信用的加大流通造成了物价上升。但银行信用具有金属货币所不具有的优势，包括银行信用能够转移财富，且能增加生利资本。

随着经济的发展，西方经济学中关于信用的讨论专注于对银行信用功能的评价，根据探讨的角度不同，主要包括信用调节论、信用创造论和信用媒介论。信用调节论的主要代表人物有汉森、凯恩斯、萨缪尔森等。随着西方社会的经济发展，资本主义进入垄断阶段，由于生产资本的高度集中，垄断组织和企业在经济中的作用越来越大。在垄断的市场基础上竞争使得资本主义经济中的内部矛盾越来越大，由此产生了信用调节论，主要用于如何解决资本主义经济发展中由垄断产生的各种经济问题。其主要研究信用的扩张和信用收缩如何影响经济周期的变动，以及信用与有效需求不足理论之间的关系。

信用创造论的代表人物主要有约翰·劳、熊彼特等。信用创造论基于资本主义的一定的发展程度，包括支票流通、转账结算扩大、中央银行地位提高等经济现象。在银行信用在经济发展中的作用日渐提高的背景下，信用创造论强调银行的资产业务决定负债业务，以及信用与资本的关系。基于信用货币流通的背景，银行能够创造信用流通的工具并提供信用，从而让生产过程中的资金供求更为顺畅，需要资本的企业家可以在生产中投入更多的要素，增加社会财富。信用创造理论认为信用和资本的创造有着密切的关系，银行通过提供信用完成资本家的购买商品环节，继而扩大生产，然后增加财富，最终形成资本。这个环节中的每一步都需要比较顺畅才可以，否则整个形成资本的环节就会受阻，银行信用将不能成功地产生资本。但是，信用创造论普遍被认为对信用的作用过于夸大。

信用媒介论的代表人物有亚当·斯密、李嘉图、约翰·穆勒等经济学家。在货币发展史中，金本位制或银本位制下，金属货币伴随银行券流通，基于这样的背景产生了信用媒介论。在金本位制下，银行高度依赖金属货币准备金。银行有越多的金属货币存款，其提供的银行券流通性就越高，所以信用媒介论认为银行提供信用的能力主要取决于金属货币存款。但银行吸收的金属货币存款又受制于客观的经济状况。信用媒介论认为货币是生产要素转移的媒介，其本身并不是生产要素，也不能称为生产要素，因此信用只能转移资本而不能创造资本。信用媒介论在探讨经济与金融之间的关系方面有积极的意义。不过信用媒介论并没有厘清银行信用的借贷资本与生产要素中的生产资本之间的关系，因为信贷资本有其独立的运转形式，在一定条件下可以反映真实资本的运动，但不能等同于真实资本。

从主流经济学的发展过程看，在寻求生产均衡和消费者均衡的时候，其很容易将信用忽视，而纳什均衡对主流经济学的一个改革就是强调了信用的作用。金融业的发展促进了信用的发展，也是信用本身发展的高级表现形式，信用在金融发展过程中变成了一种商品，是可以获得利润的工具。信用与金融发展息息相关是因为与货币的发展相关。货币经历了物物交换、商品货币、金属货币、可兑换货币、存款货币和电子货币的过程，体现了货币是信用的载体的过程，货币的本质就是信用。从金融产品虚拟化的发展中，信用促进了这种发展。信用创造了新的金融衍生品，在信用演进中，金融产品逐步向虚拟化发展。但信用风险已经成为目前金融市场的一个主要的风险，主要包括全球债务规模扩张，信用暴露越来越大；商业银行潜伏着信用危机；金融衍生品的迅速发展带来的巨额亏损事故频发；等等。

（一）金融抑制理论

国外发达国家支农政策的一个核心在于，其农村体系的建设始终保持着一个目标，即为农业和农村发展给予充足的资金。虽然每个国家的农业发展程度不同，农业发展的总体目标也不相同，但是其给予农业发展充足资金的目标不会改变。有了来自金融市场的支持和足够的资金做后盾，这些国家的农业才会发展得比较好。

金融抑制理论是爱德华·肖和罗纳德·麦金农在批判传统的经济金融理论的基础上，针对发展中国家经济落后、金融抑制的现状创立的，专门探讨不发达经济地区的金融发展与经济发展中的不平衡问题，其核心思想是金融抑制是导致发展中国家经济落后的主要原因之一。有效的经济增长战略必须立足于接触金融抑制或实行金融市场的完全自由化。金融抑制是由于发展中国家政府对金融业采取的一系列不适当的干预政策，压抑了金融的活力而形成的。金融抑制主要干预以下两个方面：

一个是实行利率管制。金融当局压低利率，硬性规定存款利率和贷款利率的最高水平，使利率难以反映发展中国家资金短缺的情况。由于政府未能有效控制通货膨胀，较低的名义利率难以弥补高昂的通货膨胀率，以致实际利率变为负数。负利率会减少储蓄者的存款，刺激借贷者求贷，甚至从事投机活动。由于存在资金缺乏和资金廉价的矛盾现象，金融部门不得不采用“信贷配给”的方式授信。在这种情况下，能够获得信贷资金的大多是享有信用特权的国有单位或事业单位，或掌握特定资源的私营企业。而不属于这些类型的企业，尤其是私营企业，只能被迫向非组织市场和高利贷市场等非正规金融组织借贷。政府的资金投向干预会积累大量的金融风险，从而会严重影响经济效率。同时，由于供需不平衡，金融资本的借贷过程也容易产生腐败。

另一个是严格限制各种金融机构准入。国有化的商业银行在金融体系中处于垄断地位，政策严格限制非银行金融机构的发展和私人金融机构的设立。这样忽视金融市场机制的政策不利于形成金融业蓬勃竞争的格局，培养了银行的官僚作风，导致融资的低效率和金融市场的二元分割。一方是遍布全国的国有银行和拥有现代化管理技术的外国银行网络的分支机构，组成了一个非常有组织能力但有限的金融市场，另一方则是传统的、落后的、小规模的非正规金融组织，如钱庄、地下金融组织等。有组织的金融机构符合金融市场的规律，遵循政府制定的政策，但是将资金贷给国有企业或少数实力雄厚的企业。而大量的小企业则被排斥在有组织的金融市场之外，只能以较高的利率从非正规金融机构获得所需的贷款。

在金融抑制理论中，农村金融体系的重要特征是金融的二元性。国有金融组织垄断经营，利率扭曲，资金总量矛盾突出，金融工具不足，信用形式单一，补贴性信贷利率和信贷配给，使农村金融市场资源配置效率低下。发展中国家大多为二元经济结构，即少量的城市发达的工业部门和广大的农村不发达的农业部门并存。由于经济发展资金有限，国家一般采取偏向城市工业部门的金融政策，而对农业部门一般采取金融抑制政策。同时，政府一般以城市优先发展为理由，以很低的成本吸收农村剩余资金，造成农村金融资本外流，加深了农村金融抑制。只有通过“金融深化”才能实现金融抑制，其主要是指放弃政府对金融市场和金融体系的过分干预，使利率和汇率能充分反映资金与外汇的供求情况，并通过有效抑制通货膨胀，使金融体系特别是银行体系能以适当的利率吸引大量的储蓄，同时也能在适当的贷款利率水平上满足经济各部门的资金需求。为此，必须进行金融改革，使原来行政的、计划的金融变为市场金融。

我国是典型的二元经济特征。自新中国成立以来，我们优先发展重工业，以工农业产品价格“剪刀差”的形式从农村吸收剩余资金，为重工业发展积累资本，对农业部门则采取金融抑制政策。改革开放以后，随着国民经济的发展、经济体制改革的推进，为推动农村经济、农村金融的发展，我国政府对农村金融体制实施了一系列的改革措施，旨在发展农村金融市场，使农村金融更好地满足农村经济发展的需要。但是到目前为止，我国农村金融面临的最大问题依旧是金融抑制。农村金融组织体系不健全、业务单一，金融服务供给不足。

（二）理性小农的演变

舒尔茨假设小农也是以追求利润最大化为行为目标。理性小农理论认为农户相当于资本主义市场经济中的企业单位，农民就像资本主义的企业家一样精于计算。他们有着与现代人一样的经济判断，他们关注自己的个人利益，会在边际收益等于边际产出时停止劳动投入。

（三）需求追随模式与供给领先模式

美国耶鲁大学的帕特里克对农村金融组织发展与农村经济增长关系进行了广泛研究。需求追随模式强调农村经济主体的金融服务需求，推动农村金融组织及相关金融服务的发展。供给领先模式强调农村金融组织及相关金融服务的供给先于农村经济主体的需求。这两种模式与农村经济发展有关，所以存在先后顺序。

（四）合作金融

国际上对合作金融的研究较为成熟，目前较有代表性的理论是以个体性为基础的市场型合作金融理论。其把合作金融组织看作新古典经济学假设条件下的一个企业组织，社员不依赖合作社，合作社由专家经营管理。合作金融逐渐发展成为世界各国农村金融发展的主体。以美国为例，合作金融（主要以信用社的形式体现）在美国有强大的影响力。目前，国际上几种合作金融的主流模式主要包括：单元金字塔模式、多元复合模式、“两节鞭”模式、“二三三”模式。单元金字塔模式最典型的国家是德国，在该模式中，农村合作金融只有一个系统，其中最底层是信用合作社，是雷发撰银行；中层是地区性联合组织，主要是地区性合作金融联合组织；最上层是全国性统一联合组织，是1895年创办的普鲁士中央合作银行。最底层的资金来源主要是小农场主、农户、银行雇员、自由职业者以及来自社会的援助。地方性农村合作银行直接为农民提供贷款。基层雷发撰银行再将资金送往地区合作银行，形成地区合作银行的资本金。区域性合作银行为地方农村信用社调剂资金，并充当地方信用社和德意志合作银行之间的清算中心、业务媒介、投资、证券和外汇买卖。除了地区合作银行提供给中央合作银行的资本金以外，政府也对中央合作银行参与一定的股份。根据德国《德国合作银行法》的规定，政府参股最高为25%。处于中央层面的德意志中央银行则为成员行提供融资、发放其他商业贷款、办理短期信用和票据贴现业务、发行债券筹集资金、国际业务、在国外设立分支机构等职责。

美国和丹麦实行的农村金融体系是典型的多元复合模式，在该模式中，农村合作金融是由多个不同的系统组成的，各系统内部又被分为多个子系统。美国的合作金融由合作银行、生产信贷协会、联邦中期信贷银行、联邦土地银行及其协会、联邦农业信贷管理局等组成。除了中央合作银行以外，12个农业信贷区各有一个合作银行，并且必须接受所在区的农业信贷管理局的督导。经过多年的发展，美国已经形成较为规范、合理、成熟的农村金融体系，即形成了农村商业性金融体系、农村合作金融体系、农村政策性金融体系共同发展的金融体系，其中以政府政策性金融政策为辅助、农村合作金融的农业信贷系统为主导、私营及个人的信贷为基础。综合这些特征，美国农村金融体系是一种复合信用模式，它由多种金融机构组成，是一个相互协作、相互合作的模式，较好地满足了美国农村金融发展的资本需求，体现了金融在产业发展中的作用。

法国的农村金融主要是半官半民的“两节鞭”模式。半官半民的“两节鞭”农村金融模式由农业信贷互助银行总行、省农业信贷互助银行和地方农业信贷互助银行组成。法国农业信贷互助银行总行隶属于国家银行范围，受财政部和农业部的共同领导。职责包括加强银行系统与其他官方的交流和互动，确立银行的行动规范，制定业务标准，对基层银行进行监督。省农业信贷互助银行和地方农业信贷互助银行则更多地体现合作性质。省农业信贷互助银行是全省农业信贷互助银行的法人代表，是地方行的领导机关，由若干地方农业信贷互助银行组成。地方农业信贷互助银行不负责办理具体的银行业务，只负责贷款的发放和推荐等基础业务工作。地方农业信贷互助银行由个人、集体成员等入股构成，是农村合作金融体系中最重要、最集中的环节。

日本的农村金融主要是“二三三”模式。其中，“二”指的是由政府投入和农民投入组成的二重投入结构；前一个“三”指的是由农业、渔业、林业组成的三个系统；后一个“三”指的是上、中、下三个层次。在该模式中，包括日本全国约1万个农业协同组织、渔业和林业协同组织，并分为上、中、下三个层次，最上面是农林中央金库，中间是农林中央金库的分支行，最下面是众多的协同组织。日本的农林中央金库是农林渔系统的信用合作组织，由农业、渔业和林业以及联合会等协会和政府部门投资组成。

（五）最优化契约

Brian P. Cozzarin（1998）创立了农业部门两大契约关系的概念模型，得出最优化契约和一体化组织形式是比合作金融更重要而且更有效的农村金融组织形式。Shahidur R. Khandker（2002）研究巴基斯坦的农村信贷发现，正规贷款和非正规贷款在农业发展中占据同样的作用。Kellees Tsai（2004）通过对中国和印度两国农村金融组织的研究表明，微观金融的潜在客户仍在很大程度上依赖于非正规金融组织。

二、相关经验性研究

世界各国都建立了农村政策性的金融机构，提供一些低息贷款给农业发展和农民。同时，还制定了相关的农业扶持政策，以及一些特别的补偿、补贴或政策性的贷款。通过这些政策性的手段来保护和支持农村经济的发展，具体包括：（1）制定一些优惠政策去保护和支持农村金融的发展，例如实行利息补贴、债务担保和损失补贴、税收减免,以及施行一些有差别的存款准备金制度;(2)建立适合本国国情的农村金融体系;(3)通过立法的手段,加强对农村政策性金融的保障和支持;(4)采取各种措施保障农村政策性金融结构的资金来源。

农村金融的信用风险与其他金融个体的金融风险之间的比较,是相关实证分析的一个重要分支。在Gibert和Sierra(2003)的研究中,发现农村金融的平均不良贷款率略低于大型银行。此外,通过对核销贷款损失比率(核销贷款损失比率主要是指核销贷款与所有贷款的比率)的分析。研究发现,资产规模在10亿~100亿美元的中型银行,核销贷款损失比率约为1.4%,是农村金融的2倍左右;规模超过200亿美元的大型银行的核销贷款损失比率约为1.49%,约是农村金融的3倍。核销贷款损失的相关指标也表明,农村金融的平均不良贷款率略低于大型银行。银行的财务状况不仅取决于不良贷款总量和不良贷款比率,还取决于银行的抗风险能力。准备金率(即贷款损失准备金/不良贷款比率)是衡量银行吸收未来贷款损失能力的一个指标,如果准备金率大于1,说明银行的准备比较充足,即便所有的不良贷款都发生损失,银行也有能力利用贷款损失准备金弥补贷款损失。同样是在Gibert和Sierra(2003)的研究中,发现农村金融中准备金超过1的银行资产比重低于大型银行。另外一个可以衡量银行吸收未来贷款损失能力的指标是银行持有的股本数量。从2001年开始,农村金融的资本充足率高于大型银行。由于农村金融经营的地域性,通常认为农村金融具有较高的风险。但事实上,农村金融的规模较小,贷款对象通常是小企业、个人、农户或居民,农村金融通过与贷款企业建立长期的、持续的、近距离的信贷关系,可以通过经验性的分析有效地避免一些借款人的信用风险以及银行与借款人之间的信息不对称问题。Gibert和Sierra(2003)的研究发现,在资本充足率指标、核销贷款损失比率、不良贷款比率等指标上,农村金融总体的信用风险并不比大型银行高。类似的研究结果也体现在Susan Schmidt Bies(2005)的研究结果中,在该研究中,只有1%的农村金融被列为风险较高机构。上述研究表明,农村金融机构在治理结构合理、产权清晰的条件下,可以有效地控制信用风险。

经验研究表明，农村金融风险具有集中性特点，服务对象承受风险的能力差、抗风险值低，但通过其余金融指标的对比发现，农村金融的信用风险水平并不高于大型银行，甚至在某些指标上农村金融的表现反而更好。通过农村合作金融的几种主要的模式比较发现，目前农村合作金融存在以下几个主要特征：一是西方国家基本都对农村信用合作组织采取保护与支持的态度。二是农村合作金融体现了一定程度的民主管理特征。三是资金汇合自下而上的特征明显。金融合作银行的成立都是基层信用社向上级地区合作银行投资入股，地区合作银行再向上一级中央合作银行入股。但要注意的是，中央合作银行一般都有政府入股。四是农村合作金融不再是分散化的状态，各国各地区的农村合作金融开始呈现合作网络化的特征。

我国对合作金融的研究始于 20 世纪 40 年代，改革开放以后，我国的信用合作事业取得了巨大的进步。特别是 80 年代以后，合作金融在各地兴起，出现了很多相关研究。国内对农村信用社改革的研究非常活跃，不少学者从合作制原则、组织模式、行业管理体制、业务多目标冲突、破产约束失灵与道德风险、历史等多个角度研究合作社的发展。何广文(2001)认为我国农村合作金融运行机制的规范要从放松管制入手，实现合作金融管理体制的行政主导向市场主导过渡，并根据我国农村合作金融发展的现实格局，对我国现行合作金融体系的完善施行林毅夫所称的“诱致性制度变迁”和“强制性制度变迁”相结合的方式。岳意定(2002)把西方的农村合作金融组织归纳为四种模式：一是以美国、加拿大、丹麦为代表的多元复合式的合作金融体系；二是以德国、奥地利、荷兰、瑞士为代表的由多级法人组成的金字塔式的信用合作体系；三是以法国为代表的由总行、分行和基层行组成的上官下民式信贷互助银行体系；四是以日本为代表的非独立型附属式行业合作金融组织。

合作金融有其自身的优势。合作金融由于其合作的特性，具备动态团结、强制信任、互惠互助等特征，这些特征有利于合作金融获取外部金融资源，并通过获取外部资源，尤其是家庭外部和地区外部的金融资源为其家庭、农户和个体的发展起到积极的作用。特别是在普遍存在金融供给方面的金融抑制的中国农村地区，合作金融的存在为农村的发展提供了可能的资金来源，尤其是能够满足农户基本生存、生活性需要和小额生产的金融需求。合作金融的形式又进一步强化了农户社会中的网络结构，原来由地缘、血缘等构成的差序格局在金融需求的背景下，农户之间的节点强化，金融交易成本下降。熟人之间的交易使交易双方履约的可能性上升，熟人社会之间对义务的期望降低了机会主义行为发生的可能性，节约了交易中的各种费用。对熟人社会的合作金融交易行为起到约束作用的还包括对熟人社会声誉的期望。贺雪峰(2007)认为，中国农村的农民的核心价值观包括本体性价值和社会性价值。本体性价值通过传宗接代的行为，展示农村社会人生存的基本意义。农村社会的社会性价值则通过农村社会中他人的评价体现。不讲信用的人在农村社会中不仅名誉受损，其整个家庭和家族的未来各种交易和交换行为都可能提升各种成本。农村社会的这些网络特征和价值观特征为农村社会的合作金融的发展提供了一种天然的生存土壤，并且降低了交易的监督成本。

各国都很注重农村金融组织的作用，在不断地改革和完善之中，建立完善的农村金融组织。农村合作金融组织的主要作用在于形成较为完善的补偿制度和补偿机制、提供农村金融政策上的优势。在补偿制度方面，主要是控制好投资者的风险。农村市场需要连续稳定的投资，离不开市场上的投资主体。例如，建立向农业倾斜的信贷激励机制，对给予支持农业经济发展，但是经济效应又容易受到影响的相关农业金融部门给予奖励；建立中小企业贷款担保基金和农业贷款的担保基金等，对政策性扶贫发生亏损的贷款由财政进行拨补；建立贷款项目的配套机制，一些农业项目的资金配套和贷款贴息由中央和地方进行专门配套。

政策上的优势包括对服务的部门和对象进行补贴，比如免除信用社的营业税、返还所得税、降低或减免所得税税率。对于农信社在支农过程中的风险进行补偿、对农民的税负进行适当调整、提高信用社的竞争力。任何一个国家的金融体系想要顺利实施，都离不开国家颁布的相关法律法规来规范和约束农村金融体系的发展。美国在农村金融体系建立之初就建立了较为完善的法律体系作为支撑，后又经过不断地完善和修改，使该法律体系也不断优化。制定相关清晰的制度，允许使用商业化的销售网络来销售政策性的金融产品。一是鼓励和引导政策性银行逐步加大对农村金融服务的支持力度,加大信贷投放。二是加强相关政策指引,鼓励相关金融机构开展熟人信贷、互联互保等农村金融业务,鼓励相关农村金融机构开展诸如土地使用权、林权等一些符合农村特点的抵押质押贷款业务。发达国家的农村金融和农业保险制度都比较发达,我们可以借鉴其中一些比较好的经验。其一,建立一些专业性的保险机构,这些保险机构可以分支于国家现有的专业保险公司和一些私人保险公司。其二,制定健全的法律法规。相关的农业保险法规都对农业保险的保险原则、保险责任、组织机构协调、政府补贴做了详细的规定。比如美国 1938 年的《联邦农作物保险法》、日本 1939 年的《农业保险法》等。其三,开展综合性的保险业务,扩大农作物的承包种类范围。其四,政府对农业保险提供政策扶持,对于一些农作物的保险费,由政府和农场主共同负担。例如日本,其农作物的保险费中,农业互助联合会承担 10%～30%,地方政府承担 20%～40%,中央政府承担 60%～70%。此外,日本政府对经验管理费和农业保险费还进行补贴。

美国的复合信用模式也值得参考。在该农村金融系统中,包含了各种类型的金融机构,最大化地体现各自的功能,从而满足农村金融发展的需求,以及农村金融所得税的免除政策。美国的农村金融发展路径可以总结为:初期从资金上大力支持,发展成熟后适时退出,从外部对农村金融体系的风险进行把控和监管,强制合作信用存款保险的风险防范体系。而法国的农村金融体系则是典型的国家管控模式,农村金融体系在政府的主导下建立,运行受到政府的管理和控制。法国政府十分重视农业发展的资本问题,在运行过程中,通过颁布各种法案,协调各地方银行的业务,分配各类贷款,建立全国性的农村信贷体系,提高各类金融机构长期资金融通的能力。法国政府对符合农业发展的贷款项目实施低息优惠政策,包括向农业相关的经营者提供低息贷款、向农业产业投资,金融市场与优惠贷款利息差额由政府补贴。从总体上看,法国的农村金融体系的发展路径为:在发展初期国家融资,国家从基层开始建立官方的合作金融机构,并建立对基层经营风险进行经济调控和强制存款保险的风险防范体系。而德国的农村金融体系发展路径则体现不同的特点,国家对农村金融的干预相对较少,只有从中央银行和行业审计的角度进行外部监管，而对农业合作金融存款保险这类业务并不强制执行。日本的农村金融体系具有显著的官办特点，其信用合作存款保险是国家强制的。

基于农村社会的特征，有一种说法认为合作金融制度是最符合农村社会的金融制度，农村合作金融制度与农村社会资本的耦合度最高，也最能发挥金融制度的效率，是符合农户行为特征的一种金融制度。但合作金融制度对农村社会的熟人社会有一定要求。如果是宗族特征非常明显的农村社会，合作金融可能很难展开。一个大的宗族中，成员都是本族人，宗族这个群体本身就起到了降低交易费用、提供保险、互助等功能，所以村民加入合作社的意愿就非常低。同理，还包括由一个大的宗族和其他小宗族组成的农村社会组织，除了第一类宗族群体会遇到的问题以外，小宗族成员为了防止自己的利益被最大宗族成员吞噬，就不会愿意加入合作金融组织。此外，合作金融的建立，并不仅仅依赖于农村社会的社会环境，比如农户之间的网络特征等，其最终的行为还要落实到农民个体，所以对农民合作精神的培养非常重要，这样也有利于结构的稳定。在农村社会中，部分出现追逐短利的行为，存在一些自私、保守和狭隘的意识，这些都不利于合作金融的展开。金融制度要想发挥最大的效率，必须要得把这个过程落实到农民身上。

三、国内农户信贷相关研究

对于信用的产生，主要从货币分配不均论和货币资本闲置论来论述。从信用的质和量发展的角度出发研究信用，通常认为信用是一种借贷关系，从而探求信用的本质。从这个层面来说，信用—借贷是生产利润创造的能力、货币的购买力、对财富的使用权、一种等价的商业交易、一种生产力，同时讨论借贷的资财量。从信用和货币流通的关系来看，主要是从银行信用与商业信用来讨论两者之间的关系，即以银行信用和商业信用流通工具代替金属货币流通。此外，银行信用货币流通会导致物价上涨。从信用与资本创造的角度看，主要是考虑银行信用的角度展开。银行信用是最重要的信用形式之一,银行信用活动能够增加升利资本、转移财富。从银行信用和财政信用的角度,从银行的产生、资本的形成和货币的流通等角度全面考虑银行信用。此外,这个角度的研究还考虑了财政信用,包括财政信用产生的条件、国家举债的可能性、国库券的性质、举债与征税的关系、公债的作用、负债的偿还等。在近代的西方经济学研究中,对信用的研究主要集中在对银行信用功能的评价上,按出发点和社会背景的不同,对银行信用功能的评价主要分为三个流派:信用媒介论、信用创造论和信用调节论。信用媒介论的主要代表人物有亚当·斯密、大卫·李嘉图、约翰·穆勒,信用媒介论是在金本位或金银本位制下,贵金属作为本位货币同时伴随着银行券流通的条件下产生的。在这样的情况下,银行功能的大小对以金属货币为准备金的依赖性很强,银行吸收的金属货币越多,银行券流通的可能性则越大。所以信用媒介论认为,银行提供信用的能力,主要取决于吸收存款;而吸收存款的能力大小,又取决于客观经济情况。因此,信用媒介论也被称为自然主义信用论。

我国经济发展中的信用缺失问题,基于我国经济发展的转型特征,有其时代发展的客观必然性。目前对农村金融机构的研究,按农村金融机构的性质,可以从农村金融组织的角度分析其职能、地位与活动方式。从功能的视角划分金融活动的类型,主要侧重于分析金融活动在我国农村金融组织体系内的协调、影响和管理问题。根据农村金融组织体系组成机构的个数,可以对其进行单一型与复合型的分类研究。我国农村金融借贷呈现区域性和结构性的特征。中国农户由于土地规模狭小带来小农户的特征,以此为基础的微观经济带来了农村小额贷款的特征。但随着农村产业结构的升级、产业方式的多样化,资金需求也不断变化,农户的资金需求额度不断上升。农户原来"短、小、急"的借贷特征发生变化,借贷利息也日益显性化。Long(1968)认为,农户的家庭收入情况影响农户的借贷性质,因为借贷基于农户家庭的风险偏好与项目收益率和利息率的对比、当期消费边际效用与第二期消费边际效用之比是否大于资金的机会成本。我国农村的信用体系建设还是比较落后的,主要表现在三个方面:第一,农村地区普遍的信用意识比较差。我国农村地区经济发展比较慢,受历史因素的影响,农村地区没有形成成熟的金融文化和金融氛围，部分农户或农民认为农村金融机构主要负责发放贷款，忽视农村金融机构的其他金融功能，所以造成贷款拖欠等现象，形成农村地区不良的信用文化。第二，我国农村地区的信用建设工作还不完善，农户和企业的征信工作还没有覆盖大部分农村和农户。第三，农村地区缺乏信用约束和激励机制，对守信的农户或农民缺乏奖励机制，农户信用管理相关法规还是空白，这导致农户失信的成本下降，守信的收益下降。社会缺乏对契约规定的普遍默认，即整个社会缺乏契约文化底蕴。此外，经济的快速发展对法律体系的保障要求越来越高，但法律系统的不连续性则削弱了对社会信用的保障机制。中国社会和西方社会信用发展的起点也不同。西方社会的信用起源于货币的发展，具有匿名非血缘关系特点；中国的信用发展则具有非匿名血缘关系特点。信用发展的起点不同导致发展的路径完全不同，以致群体与群体之间、个体与个体之间的信用体系变得完全不同。

农村信用体系建设是一项需要多个部门通力合作的工程，涉及很多部门，需要完成的环节也很多。但是目前这项工作的推进缺乏法律依据和相关法规的约束，导致参与主体的积极性不高。农村基层的负责人认为，农村信用体系建设并不是一项重要的任务，相关经办人员并不主动。法律层面的制度缺失，对于农村信用体系的建设以及为加工、处理相关的农户信用信息带来了很多困难。国内对农户信贷的研究，从供给的角度，主要考察对农业信贷的补贴，主要以农业信贷理论为主。从资金供给的角度，农业信贷理论认为国家应该增加对农村地区的资金供给，从而使农村地区有更多的借贷资金，以弥补当前的资金缺口。农业信贷理论的另一个着力点在于如何改革现有的农村金融机构体系。

第四章　农户信用行为机制、调整与优化

一、我国农村地区的教育发展和非农就业发展

我国在20世纪90年代以后，随着国家经济实力的增强，教育总经费投入规模、财政性教育经费投入规模和预算内教育经费投入规模都得到了显著的增长[①]。从整个发展趋势看，2001年是我国农村地区教育经费改革的一个转折点。在这之前，农村义务教育经费投入的增长率不到7%，远低于国家经费总投入的增长幅度，但从2001年开始，农村地区教育经费的增长速度明显开始增加。特别是2005年实行的农村义务教育经费保障新机制，使农村义务教育形成了长效机制。得益于农村地区教育投入的增加，我国农村地区在文盲率下降、升学率和教学软硬件环境等多个指标方面都有了进步。以文盲率指标为例，1949年我国青壮年文盲率接近80%，2000年青壮年文盲率下降为4%，2008年青壮年文盲率下降为3%左右。此外，越来越多的农村适龄儿童进入学校接受义务阶段教育，一些省区进一步尝试推广高中阶段的义务教育。2007年农村初中毕业生升入普通高中的比例为34%，升入非普通高中的比例也有所上升。从教学硬件看，20世纪80年代初，全国中小学危房面积占校舍总面积的16%，并且大多集中在农村地区。

---

① 国家财政性教育经费包括公共财政预算教育经费，各级政府征收用于教育的税费，企业办学中的企业拨款，校办产业和社会服务收入用于教育的经费，其余的属于国家财政性教育经费。国家财政性教育经费指标相当于国际通用的公共教育支出，代表国家政府对教育的投入水平，在整个教育经费投入中占有非常重要的位置。预算内教育经费是国家财政性教育经费的重要构成，直接反映了政府在财政支出中用于教育投入的部分，是衡量政府教育投入的重要指标。

2008年,农村地区中小学危房面积比例有了显著的下降,约为5%,可见农村地区的办学条件有了比较好的改善①。因为历史原因和地域的限制,我国农村地区的居民受教育的程度较低,获得市场经济信息的方式和手段也不如城市地区。较低的文化水平、狭窄的知识面,使得农村地区的居民缺乏法制意识、金融风险意识,由此增加了农村金融经营的风险。

但由于我国农村地区分布广泛、农村人口较多,农村之间的异质性非常大,我国农村地区的教育发展依旧存在很多现实的问题,其中包括农村地区的义务教育质量、义务教育阶段的家庭辅助教育、职业教学质量等。我国农村地区的教育质量随区域经济发展水平、地理位置的不同而表现出极大的内部差别,甚至在同一个省区内部,城郊农村的教育水平和农牧业山区农村的教育水平在师资力量、教育软硬件环境方面都相差巨大。农村教育中存在的问题不仅仅表现在义务教育阶段,还表现在初高中阶段,甚至农村籍学生的大学教育阶段。由于家庭经济条件的限制和家庭教育观念的影响,一些农村地区的学生,完成小学或初中教育后,并不继续进行下一阶段的学习。目前在教育发展政策中,在宏观调控方面也有不平衡的问题,教育的主要趋势是为城市的社会发展培养和输送人才。教育发展中的这种导向,导致目前我国教育发展过程中,缺乏对农村地区对人才需求的实际考虑,缺乏培养适合农村地区需要的人才,反而在高层次人才中出现了不适应农村地区的"不适应者"和"叛逆者"(翁乃群,2009)。近些年,不少媒体也陆续报道了一些农村籍大学生由于无法适应城市生活而出现社会问题的真实案例。有一部分在城市完成大学教育的农村生源学生,在城市找不到合适的工作,回农村又干不了体力活,于是就形成了介于城市和农村之间的具有高等教育学历的劳动力夹心层。此外,目前农村的教育结构存在一些不合理的地方,比如对适合农村地区的职业教育体系的忽视,以及缺乏对现有的职业教育质量的把控。职业教育质量把控的缺失导致对农村劳动力的专业技术培养不足,无法满足劳动力市场中对劳动分工的要求。如杨卫安和邬志辉(2010)提出,普通中学过多不利于充分发挥教育的经济功能。由于城市趋

① 教育经费的相关数据整理自《2012中国教育经费支出统计年鉴》。

向的择业动机，以及大学体系的收费制度和高校扩招制度，进一步将农村现有的资金引向城市地区，这种隐形的资金流量加剧了城市地区对农村资源的掠夺，从而加重了农村地区人力资源缺乏的现状，也加剧了城市和农村地区之间金融资源的双重倒流。可见，农村教育在每一个阶段都有其比较显著的负面特征，总结来说，即是小学教育阶段的家庭辅助教育缺失、中学阶段的升学率、职业教育阶段的教育质量以及大学教育阶段的适应性问题。

如果把人的一生受教育的阶段分为成年以前和成年以后，那么在成年以前的教育发展更多受制于家庭、社会等外部环境，而成年以后的教育发展则需要劳动力自己的配合。基于此，农民工的受教育路径可以分为“原生家庭受教育阶段”和“自致受教育阶段”。学校教育并不总是完全符合学校和企业的要求，有的时候教育决策具有相对自主性，所以个体的教育选择决策也是不可忽视的因素。正如海曼指出的，低社会阶层进行升迁性社会流动的主要原因是他们所特有的价值体系。针对教育尤其是高等教育在社会流动方面的重要作用，并没有受到低社会阶层的重视。另一方面，低社会阶层在职业选择中重视的是直接的经济利益，并且该阶层成员的期望和目标是有限的。帕森斯等社会学者也指出，低社会阶层对教育、职业生涯等规划缺乏兴趣，也缺乏社会升迁动机。对农民工的教育来说，在儿童和青少年时期，可以接受的教育程度和教育质量较多由父母的教育投资决策决定，这个受教育阶段可以称为“原生家庭受教育阶段”。进入劳动力市场之后，农民工可以自己决定是否接受一些再教育或职业培训[①]，这种行为模式称为“自致受教育阶段”。微观来讲，原生家庭的教育决策和具体的教育方式对农民工“原生家庭受教育阶段”的影响最大。教育投资受限于家庭的经济情况，如果一个家庭解决不了基本的温饱问题，那就没有能力或者不能更好地解决下一代的教育问题。这在社会中的现实矛盾是，大量的农村夫妻为了提高家庭收入，离开家乡去外地打工，由此形成了大量的留守儿童，这种现象在人口外出务工集中的地区尤为明显。更为突出的矛盾是，过去承担家庭内部非经济作业和照顾儿童的女性劳动力，现在也必须参与到市场经济的

---

① 这里并不否认外部环境对农民工进一步接受教育的影响，只是更强调农民工在做出教育投资或接受教育行为时的主观能动性。

劳作中。父母外出务工的农村儿童，其父母本来应该承担的家庭社会化的功能是缺失的，这必然会影响孩子合格的教育社会化的过程。大量已公布的社会调查也证实，一些农村家庭在青少年教育过程中的缺位现象尤为严重，某些农村地区只剩下老人和孩子，老人只能保证孩子的饮食起居，但无法完成家庭教育的功能。

当农村劳动力进入劳动力市场进行被雇用的劳动生产时，可以说其“自致受教育阶段”已经开始。在这个阶段，劳动力根据自己的经济条件、周边的教育资源(尤其是针对农民工或其他成年劳动力的职业培训)以及自己接受再教育的意愿进行教育决策。笔者 2014 年在浙江省义乌市做了一项针对农民工闲暇时间安排的社会调查①。被调查者中有 35%的农民工认为学历低是对自己风险最大的事情，57%的劳动力认为“前途渺茫”是风险最大的事情；有 87.7%的比例认为需要接受职业技能培训或职业教育，但只有 25%的受访者表示偶尔会利用闲暇时间阅读专业书籍或通过其他方式提高自己的工作技能，其余的受访者表示“没有精力学习”“没有钱买学习资料”以及“不想学习”。这在某种程度上表明，流动的农民工，尤其是青年一代的农民工，对自己的教育背景、职业技能以及未来的发展有过思考，但没有较为清晰的方案去应对这些事情，表现得非常迷茫，这种消极的自致教育路径可能会加重农民工的教育失配。

我国农村劳动力转移的规模和特征，既受到经济波动的影响，也受到国家政策变化的影响。从 1952 年开始，我国农村地区的农业劳动力和非农业劳动力的绝对数量增加，后者增加得更为迅速，从 1952 年的 16.5%上升到 2005 年的 53.1%，表明在中国农业部门的劳动力中，非农产业占用的劳动力逐渐增多，非农就业已经成为农村劳动力提高经济收入的一个重要方式。随着改革开放逐步深入，城市劳动力市场逐渐完善，对劳动力的需求也越来越大。开放的社会和市场经济促使农村劳动力向城市地区流动。

随着农村劳动力流动的规模越来越大，国家开始重视农村劳动力非农

---

① 该调查由笔者于 2014 年 6～9 月在浙江省义乌市完成，有效样本数 692 份。为了考察不同的企业性质是否会影响青年劳动力的工作意愿、教育意愿和生活状态，在调查中随机选取三种不同类型的企业，分别是跨境外贸电子商务企业(女性首饰类外贸企业)、快捷式酒店、劳动密集型流水线工厂(制衣厂)。

就业对解决“三农”问题的重要作用和意义，国家也努力从各个方面消除现有的政策性的障碍，从2004年到2016年的中央一号文件都显示了国家对农村劳动力就业和转移就业的重视。同时，农民工的权益和社会地位也开始受到社会的关注和重视。在这个过程中，影响农村劳动力转移的非经济因素下降，社会经济和劳动力市场实际需求的内在规律的作用越来越重要，政府也按照经济和劳动力市场本身的规律制定相关政策。程名望(2007)对新中国成立以来农村劳动力外出非农就业进行了阶段性的总结分析：第一阶段是新中国成立到改革开放初期，农村劳动力在不同部门就业的波动起伏较大，但是这个阶段农村劳动力在不同部门中的就业没有一致的变化规律；第二阶段从改革开放开始，农村劳动力开始加速向城镇地区和非农就业部门转移，非农就业比重持续上升，农业就业比重持续稳定下降，从而使农村劳动力转移多年处于停滞的状态逐渐被打破。农民工非农就业除了规模上的变化，也有了不同的转移形式。陆学艺(1990)对此进行总结，认为中国农村劳动力的转移就业有三种主要形式：“离土不离乡，进厂不进城”“离乡不离土，离乡不进城”和“离土又离乡，进厂又进城”。其中，土主要指土地和农业，乡主要是一个地域性的概念。这个概念虽然在20世纪90年代初提出，但到现在还可以概括大部分农村劳动力的转移形式。从农民工外出就业的组织类型上，刘文(2004)的总结具有参考意义，他将农村劳动力外出的组织形式分为三类：自组织、有组织和无组织。自组织是指农村劳动力利用自身或家庭的社会关系获取外出的各类信息和帮助，比如在找工作时得到同乡联系介绍。有组织是指由政府有关部门和就业服务机构组织农村劳动力外出就业，一般是直接与流入地相关政府部门或有关企业直接联系。无组织是指劳动力比较盲目的外出就业行为，这个过程没有或比较少得到任何组织或个体的各类形式的帮助，这也是我国农民工外出就业的主要组织形式。

根据农民工非农就业的方向和就业的部门，我国农民工的非农就业过程还具有以下几个特征：第一，我国农村劳动力的转移和非农就业有短期性特点，而不是永久性迁移。第二，农民工就业规模扩大，倾向于跨地区向经济发达尤其是东部沿海城市以及西北一些人口较少的地区转移。第三，随着农村人口结构的变化以及我国调整二元经济结构政策，在外务工的农民工出现回流现象。第四，农民工就业以非正规部门为主，其中以中小规模企业为主。这里的非正规就业部门一般指低收入、无组织、无结构的生产规模较小的生产或服务单位，劳动关系基本建立在临时性就业、家属或个体的社会关系之上，而不是法律规定的正式保障的劳动合同。非正规就业部门的临时性和非全日制等特征，为农村劳动力提供了较大的就业空间。袁彦鹏(2002)认为在城市地区的农村流动劳动力中，60%～70%的劳动力在非正规部门就业，且这个就业规模呈继续扩大化趋势。第五，农民工在城市地区的就业以体力为主，多从事制造业和建筑业中的重体力工作，以及商贸餐饮业服务行业。

从农民工的组织形式、流动方向和阶段性特征看，农民工的非农就业过程是拉力与阻力共同作用的过程。劳动力市场对农民工需求存在的同时，农民工非农就业面临很多障碍和现实的社会问题，包括社会制度的不完善、劳动力市场的偏见、不同社会文化融合问题等。比如农民工由于户口限制，难以享受城市的医疗、社保等服务，农民工子女在城镇地区的教育也是一个长期存在的问题。同时，农民工进城就业对城市本身狭小的生活空间提出了挑战。农民工进城务工导致城市的流动人口增加，不好管理，可能还会形成交通拥挤、社会治安等问题。农民工从事一些临时的工种，对当地社会管理也带来了压力。本地居民和外来劳动力之间的矛盾、社会福利享受的资格矛盾等，这些问题使部分城镇居民对农民工存在排斥或歧视心理，增加了城镇地区对农民工群体的偏见，增加了农民工非农就业的阻力。此外，农民工非农就业曾面临过阶段性存在的就业压力，比如 20 世纪 90 年代中后期，北京、上海等大城市对外来劳动力从事工种的限制对当时农民工城市就业产生了较大的负面影响。虽然现在没有这种明确的限制性就业政策，但可见农民工的转移和非农就业处于有利因素和不利因素并存的时期，具有一定的复杂性和阶段性。任何经济现象都根植于一定的社会背景之中，对于农民工的教育失配现象也是如此。一方面，中国农村教育发展不均衡，并且每一个阶段都存在自身显著的负面特征；另一方面，农民工非农就业又处在老一辈和新一代农民工交替的转型时期，同时面临人口结构的变化、城市地

金融市场中的贷款
寸非正规金融市场
个体的话语权非常
开始分化,同质化
农户为了满足其生
参与农村金融市场。
的发展反过来又进
在金融市场中具有
排除在农村金融市
,使我国农村金融
了农村金融的发展,
地参与农村金融市
作为连接金融市场
递信贷信息的重要
农村地区信用风险

险相关宏观理论,对
惠金融制度作为宏
型理论也值得参考。
论、理性小农理论、
纳德·麦金农针对
的经济金融理论的
的分析,符合部分
市地区在政策上得
政策。与此同时,为
资金,造成农村金融
金融市场效率低下,
信用工具单一、形成
有通过降低政府对

复杂社会背景。鉴于此,对
得格外有意义。

信用风险研究

、农民增收困难、农民负担
展的"瓶颈",也是我国在
题中,农村金融引起越来
各类现实问题,离不开我
入增长放缓,农田大面积
经济发展停滞甚至产生
城市地区经济快速发展,
响,农村地区和城市地区
元发展体制下的农村金融
究涵盖农村地区金融体制
产、就业决策等各类经济
分利用市场经济体制改
用于建立能支撑农业发
金融信用体系能满足农
产业化。但目前农村金
信用体系还远远达不到
一个优胜劣汰、良性竞

围绕中央与地方的集权
9年,伴随着家庭经营承
单位,农户的独立经济
济主体地位,还改变了
经济现状的动力。改革

开放以前，农村地区的生产和投资活动主要由集体决定，
事项主要由国家计划完成，农户主要是存款者和参与农
中的少量生活性借贷者，在整个农村金融体系中，农户
少。改革开放以后，农户内部根据需求和主体特质的不
的农户群体分化为多层次、多结构的异质性群体。部分
产和其他各类资金需求以及少量投资型需求，开始积极
农户的分化促进了农村金融市场的发展，农村金融市场
一步促进了农户的内部分化。拥有较多其他资源的农户
竞争力，更易获取较多的金融资源，弱势农户则进一步被
场之外。农户的内部分层、农村金融市场参与者的复杂
的外部环境和内部金融需求都发生了变化，进一步促进
也对其提出了更高的要求。其中，农户信用对农户有效
场和提高农户收入增长有重要的作用。农户的信用担保
和农户的介质，是建立信贷关系、识别农户身份信息、传
条件，对缓解我国农村地区金融矛盾有着关键意义。对
的分析，有助于提高整个农村社会的福利水平。

金融行为都发生在经济社会中，所以经典的金融风
研究我国农户信用风险具有一定的借鉴意义，尤其是普
观政策中的一种指向，宏观理论与微观行为之间的关系
研究农村地区金融风险的经典金融理论包括金融抑制理
需求追随模式理论、合作金融理论等。爱德华·肖和罗
发展中国家经济较为落后、存在金融抑制的特征，在传统
基础上提出金融抑制理论。金融抑制理论对金融二元
发展中国家的二元金融发展特征，在二元经济体制中，
到倾斜。由于资金有限，对农业部门一般采取金融抑制
了优先发展城市工业，政府以极低的成本吸收农村剩余
资本外流，加深了农村金融抑制。农村金融抑制使农村
表现为资金总量矛盾突出、金融工具不足、信用形式和
补贴性信贷利率和信贷配给等。金融抑制理论认为，

金融的干预、有效抑制通货膨胀、以合适的利率吸引储蓄等各类金融改革才能解决金融抑制引发的农村金融问题。此外，在合适的贷款利率水平上满足社会各部门的金融资金需求，使利率和汇率充分反映市场的真实供求关系，促进行政金融发展为市场化金融。理性小农理论则主要分析行为主体的特征对经济后果的影响。在传统的经济理论中，小农被认为是不同于现代理性人的角色。理性小农理论认为，农户与市场经济中的企业相似，同样计算收益与成本以及个人利益，并基于边际产出和边际收益之间的比较做出生产决策。需求追随模式由耶鲁大学的帕特里克提出，该理论主要研究农村金融和农村经济发展之间的关系。需求追随模式认为，农村经济主体的各类金融需求是促进农村地区各类金融服务发展的动力。与其他金融理论相比，合作金融理论的相关研究较为成熟，目前较有代表性的是以个体性为基础的市场型合作金融理论。其把合作金融组织看作新古典经济学假设条件下的一个企业组织，社员不依赖合作社并由专家经营管理。合作金融逐渐发展成为世界各国农村金融发展的主体模式。目前，国际上合作金融的主流模式包括单元金字塔模式、多元复合模式、“两节鞭”模式、“二三三”模式等。

由于我国农村地区的地区特征、人口结构特征和经济发展情况，对农村地区的农户信用风险研究要基于具体的农村社会现实展开。既要参考现有的经典金融学理论，也要考虑普惠金融制度对农村金融生态带来的新的影响，基于此背景对农户信用风险展开讨论。在现代社会中，信用具有提高资金使用效率和稳定市场秩序的多重功能，经济主体的信用是核心竞争力的象征，在现代经济活动中起到重要的作用。对农户信用风险的管理有利于农村金融市场的有序展开。联合国在2005年将普惠金融定义为能够以可负担的成本，有效、全方位地为所有社会成员提供金融服务，强调金融服务应当平等地覆盖社会所有阶层和群体，同时在国家财政资助下，必须将更多的实惠给予某些弱势群体。普惠金融倡导的以金融公平为核心的社会公共政策目标与传统的追求金融利润和金融效率最大化的经营目标不一致，因此如果想达到社会公共政策的目标，就必须对传统的金融政策或金融体系实施产品、机构或制度等创新或改革。目前在国际上做得比较好的普惠金融案例包括巴西的代理银行项目、肯尼亚的手机银行、孟加拉国的格莱珉银行、俄罗斯的“金融扫盲5年计划”等。这些项目的一个共同特征就是以中低收入者、创业初期阶段、中小企业、贫困人口、农民等弱势群体为服务对象。在现有的世界上较为成功的案例的基础上，国内的相关研究认为我国的普惠金融的发展，还应该基于我国现实的社会发展背景和金融发展背景，比如基于小额贷款公司、互联网金融等的规范管理等，来发展适用于我国国情的普惠金融政策。并且现有的关于国内普惠金融研究的普遍性问题是，缺乏国际经验对国内使用的现实性条件分析或应用性分析（姜丽明等，2014；高建平和曹占涛，2014）。

普惠金融与传统金融相比，在服务目标和服务群体覆盖上有了较大的调整，对农村金融中的农户信用风险产生直接影响。首先，普惠金融要求金融市场将更多的优惠惠及弱势群体。不管金融推广使用哪一种模式，比如政府组建＋政策化运作＋市场化运作的模式，还是商业信用＋农户保险的模式，农村政策性担保体系、农村合作互助性担保体系、农村商业型担保体系等，其对农户的金融市场进入门槛还是存在一定要求。与以往不同的是，进入的标准可能需要由农户自身完成，也可能在政府或其他合作的形式下完成。为了控制金融市场的风险，以及各参与者为了控制自己的风险，都需要对农户进行评估。其次，普惠金融的覆盖面的扩大，以及对统一风险控制标准建立的需求，都对农户的传统信用逻辑提出挑战。

农村正规金融与非正规金融需求的背离，迫使农村金融需求主体不得不将自己的金融需求转向农村地区的非正规金融。农村非正规金融提供的金融资源与农户、农村当地小企业的金融需求特点在一定程度上相符合，甚至在一些地方，农村非正规金融已经成为农村地区金融主体融资的重要渠道。但从农村非正规金融带来的金融后果和社会影响看，农村非正规金融有很大的缺陷，包括非正规组织的扩大、组织形式不规范、缺乏法律保护、带来社会不良后果等。此外，随着农业产业结构调整、农业生产经营方式的转变，以及产业结构的升级，农业生产从简单生产转向扩大再生产，劳动密集型向资金技术密集型发展，农户金融需求增长。在这个过程中，农村经济和经济主体农户始终都是制度性变迁的被动接受者，在某种程度上，制度的转换并不能满足微观经济主体的需求。以增量改革为主的制度变迁由于没有解决深层次的制度问题，忽视农村地区对金融资源多层次、多元化的需求和农村金融制度整体功能的发挥，使农村地区的金融问题加重，金融制度的变迁落后于农村地区经济制度的变迁。在这样的背景下，我国农村金融机制长期低效。从横向的农村金融供给看，农村金融交易成本居高不下，缺乏风险分担机制，农村金融制度中存在的缺陷包括农村信用社存在产权关系模糊、管理不通畅、内部人控制、治理结构不完善、法律体系不健全等各种问题。此外，还存在类似农业发展银行经营效率低下、资金运行机制不健全、功能错位、职能狭窄等政策性金融相关问题。

在不断改革的步伐中，农村金融机构的功能不断发生变化。以典型的农村信用社为例，大多数农村信用社股金存款化，民主管理形同虚设，人财物由上级联社统管。在经营盈亏上，农村信用社自负盈亏、自担风险，迫使农村信用社不得不追求自身利益的最大化，在贷款投放上逐渐向经济发达的城镇和非农项目集中，最后向县城乃至城市经济靠拢，向工商业靠拢，出现去农化倾向和商业化倾向，这种改革的趋势进一步加剧了农村二元金融体系。与此同时，一些农村地区的金融机构，比如地方商业银行、邮政储蓄机构等，只吸收存款不放款，大量可用于农村发展的资金就流向城市，不仅农民贷款难的问题没有得到解决，农村反而成为城市金融资源的净供给者。另一方面，伴随着全面取消农业税和给予粮食生产补贴等一系列国家对农业的政策倾斜措施，农业发展银行的支农空间变得越来越小，其定位不准、功能不全等与新农村金融体系建设不相匹配的问题越来越明显。由此可见，农户信用风险不仅在于信用主体的扩大带来的风险控制难度加大，还在于农户信用风险与农村金融环境息息相关。农村地区金融制度改革、金融供给改革、正规金融市场与非正规金融市场之间的博弈结构，都不断影响着农户的信用风险特征。

我国农村经济正处于传统经济向市场经济转型时期，处于这一变革时期的农户，其经济活动逻辑和金融逻辑也在不断变化。随着农村金融体系的发展，以及农户参与正规农村金融和非正规农村金融市场，农村地区的金融信用逻辑正在从熟人社会的背信制度转变为经济社会中的契约关系。农村金融市场既受到市场经济的规制，也受到农村社会的传统文化的影响，这使农户信用既体现现代市场经济中的信用特征，又具有其独特的文化信用特征，形成了我国农户独特的信用行为逻辑。尤其是在普惠金融制度下，农户作为金融市场的主体参与者的特征越来越显著，其信用行为的逻辑是农户信用风险的重要部分。

(一)农户的主体借贷地位

随着经济的发展，农村地区信贷关系中的信用的内涵在不断发生变化。农户的主体地位越来越重要，尤其是在普惠金融制度背景下，将原来处于边缘位置或弱势位置的农户拉入农村正规金融市场中，由此农户信用的建立成为农村金融发展的一个重要角度。建立在中国农村传统文化和社交关系下的借贷方式已经不能满足农户的主体借贷地位。传统的农村社会的信用制度建立在熟人社会的基础上，但熟人社会不断发生变化，农村中的人与人之间的关系的紧密度已经不同于以往，所以基于熟人社会的信贷关系已经不适用于现代社会。农户信用关系的建立有利于农村成熟的金融体制和金融市场的建立。传统的社会网络还对农户信用风险的传播机制有较大的影响，包括农村网络中个体之间的关联关系、个体的风险态度、行为主体的风险抵御能力、金融监管的强度等。

(二)农户借贷特征

我国农村农户既承担生产功能，还具有消费属性，所以以农户为主的金融市场需要满足农户的生产需求和消费需求。生产需求和消费需求在农户金融需求中的比例和特征也在不断变化。对农村农户来说，土地是其最大的资产，土地规模狭小带来的小农户微观经济特征，是导致农村小额贷款的主要原因。但随着农村产业结构的升级、产业方式的多样化，农户对资金需求的额度和种类不断变化，借贷利息也日益显性化。农户的借贷特征从以往的“短、小、快”的信贷模式逐渐转变为小额贷款和大额贷款需求并存的、多层次、多类型的金融需求类型。尽管农户信贷需求的种类呈现多样化特征，但目前其信贷来源比较单一，主要是亲友和信用社。在农户贷款的使用目的方面，刘玲玲等(2007)的研究表明，农户贷款中的1/3用于生产和经营成本，教育支出和医疗支出各占13%和17%。刘锡良(2004)的研究表明，生活费用和生产费用各占农户贷款的45%，生活费用和生产费用仍是农村金融需求的重点。此外，对农户借贷支出的其他研究发现，加快教育、医疗保险等农村公共品的供给有利于增加农民纯收入。非农活动对增加农户收入具有很强的吸引力，有借贷的农户平均预期收入增长12%，比无借贷的农户高2%。有中长期投资的农户平均收入比没有中长期投资者高近2倍。目前农户借贷中的很大占比用于满足农户的基本生活需求，反映了农村公共财政制度的缺失，也导致了农村金融资金的财政化。

农户的借贷特征直接影响其金融信用逻辑。当农户内部由于金融需求的不同出现分层，该类农户就是舒尔茨所说的理性小农。当农户的主要金融需求用来满足基本的生活和家庭运转时，他们的行为不符合现代经济学中的经济个体的投资原则或利润最大化原则，他们既不追求利润，也不会发生投资行为，这类小农就不是舒尔茨所说的理性小农。此时，该类农户的金融行为可以用黄宗智的传统小农理论和徐勇的社会化小农理论解释。金融需求的不同使理性小农和传统小农采取不同的借贷行为，理性小农更多地依赖农贷制度，而非理性小农更多地依赖熟人之间的借贷。在农村金融市场中也体现为正规金融与非正规金融之间的发展博弈。

(三)农村信用风险与其他风险比较

农村地区生产方式受客观自然条件的影响较大，产业和收入来源较为单一，农业保险机制不健全，所以通常认为农村的信用风险高于其他类型的信用风险。Gibert 和 Sierra(2003)认为，资产规模在10亿～100亿美元的中型银行，核销贷款损失率约为1.4%，是农村金融的2倍左右。规模超过200亿美元的大型银行的核销贷款损失率约为1.49%，约是农村金融的3倍。核销贷款损失的相关指标表明，农村金融的平均不良贷款率略低于大型银行。同样是在 Gibert 和 Sierra(2003)的研究中，在资本充足率、贷款损失比率、不良贷款比率等指标上，农村金融总体的信用风险并不比大型银行高①。虽然农村金融风险呈现集中性特点，服务对象承受风险能力差、抗风险值低，但通过其余金融指标的对比发现，农村金融的信用风险水平并不高于大型银行，甚至在某些指标上农村金融的表现更好。这说明农村金融机构在治理结构合理、产权清晰的条件下，可以有效地控制信用风险。而这一块也是目前我国农村金融中较为缺失的。此外，对农村金融高风险的估计主要来源于农村金融经营的地域性，但由于农村金融的规模较小，贷款对象通常是小企业、个人、农户或居民，农村金融通过与贷款企业建立长期的、持续的、近距离的信贷关系，通过经验性的分析，可以有效避免部分借款人的信用风险，以及银行与借款人之间的信息不对称问题。

长期以来，农村地区的金融制度虽然发生了一些改革和变化，但农村地区金融体系的改革并不能满足农村地区经济的发展，也没有达到预期的社会效果，农户信用逻辑的形成，受制于宏观环境的变化。其中一个主要矛盾在于农村地区金融改革的顶层设计和基层需求之间的不对称。即长期以来，我国农村正规金融机构的建立和发展，更多是遵循国家政策的偏好，而不是农户的实际需求，再加上农户的效应反馈影响力较低，种种原因的叠加使农户金融在制度和实践中都没有得到足够的重视。从学术领域看，尽管信用问题在经济学、金融学和社会学领域得到了一定的发展，但缺乏对其深入的理论和应用研究，尤其是对农户信用的建立和效应的深入研究。制度领域的支撑性缺乏和学术领域的研究缺乏都不利于真实地反映农村农户的信用风险，不利于这个群体在农村金融市场中有效地获取资源。

(四)农村信用风险评估

信用体系的建立需要建立合理的指标体系，从而在信贷关系发生时可以对农户进行信用风险的衡量。目前存在的农户互助担保的担保体系，较符合农村农户的特征。但农户互助担保体系大多建立在血缘、地缘和业缘

---

① 银行的财务状况不仅取决于不良贷款总量和不良贷款率，还取决于银行的抗风险能力。准备金率(贷款损失准备金/不良贷款比率)是衡量银行吸收未来贷款损失能力的一个指标，如果准备金率大于1，则说明银行的准备比较充足，即便所有的不良贷款都发生损失，银行也有能力利用贷款损失准备金弥补贷款损失。

基础上，具有一定的局限性和不可推广性。集体信用和互助信用的方式补充了农户的信用担保体系，缓解了因缺乏担保体系而引发的金融发展“瓶颈”。但这几类信用体系的地域性限制较为明显，较多依赖当地农村社交网络、宗族家庭网络等，在正规金融市场中具有脆弱性特征。

三、我国农村信用机制的优化

信用风险是指由于市场交易中的对方或借款人违约而导致损失的可能性。有效的信用风险管理对于授信额度的确立和确定贷款的风险溢价水平非常重要。受到技术水平、数据来源和信息充分度的影响，信用风险管理经历了从定性到定量研究的阶段。其可以总结为定性模型、信贷评级模型和现代模型等。

（一）定性模型

定性模型主要由商业银行内部有经验的信贷管理人员根据借款人的主要财务指标、借款人的还款记录和信用记录积累的信誉（用于良好信誉的借款人更容易获得贷款）、杠杆比率和借款人的债务股本比率、收益的波动性、抵押情况、市场环境、信用记录等信息对借款人的违约概率做出判断。另外，还需要考虑宏观的环境指标，包括商业周期、利率水平等。由于该方法依赖于信贷专家的主观经验，所以被称为信贷风险度量的专家制度。在专家评价的主观方法中，风险评价的信息来源主要包括商业银行自己的内部信息，比如存贷款档案。有时还需要从外部的专业信用评价机构购买相应的数据。根据信息获取的途径不同，获取信息的成本也会不同。商业银行基于专家评价和信息，来对借款人的违约概率进行评价。定性模型方法操作起来比较简单，有较高的灵活性，但该方法最主要的缺点在于依赖专家的主观判断，不能科学地量化信用的风险，也不利于科学地量化贷款收益率和所需资本金，不利于规避风险。

（二）信贷评级模型

信贷评级模型又被称为Z评分模型。信贷评级模型是一个可以量化的模型，它基于借款人可观察到的主要指标，对借款人的还款概率或贷款风险进行打分评级。信贷评级模型主要有线性概率模型、指数模型、线性分辨模型。线性概率模型是指使用借款人的历史数据，将其纳入模型中用以解释以往借款行为，并根据各个因素的系数比重和重要性预测未来的贷款偿还可能性。与线性概率模型不同的是，线性违约模型可以对借款人的风险程度做出比较，并以此进行风险分类。根据历史数据推算出来的每个要素的权重，就可以得出借款人的Z值，Z值越大，借款人的风险越小。

信贷评级模型对信用风险的判定的准确度得到提高。但该模型只按违约或未违约区别借款人，没有办法衡量介于两者之间的借款人的信用风险。没有办法更科学地体现不同违约程度的借款人带来的损失。此外，信贷评级模型假设借款人违约概率的财务指标的权重一直不变，但影响还款概率的财务指标只在短时间内保持不变。从长期来看，任何指标都在不断变化。信贷评级模型假设各个关键指标，尤其是财务指标是相互独立的，这并不符合经济个体财务指标的特征，它忽视了一些关键性的定性指标。信贷评级模型不能大范围推广是因为数据来源的限制，很难获取集中违约记录的相关数据。

（三）现代模型

现代模型主要运用金融理论、金融数据来推断贷款的违约概率。现代模型更多地用于大型上市企业。现代模型主要包括信贷风险度量的期限结构方法、死亡率方法、经风险调整的经济资本回报率模型、期权模型、风险价值法VaR模型、Credit Risk+模型。死亡率的风险对历史违约数据的依赖性较强，估计的违约率与选择的违约历史数据的期限的相关性较强。其中，死亡率方法主要参考寿险中对保险风险的度量方法，所以对历史数据、投资选取的发行数量、发行规模都比较敏感。经风险调整的经济资本回报率模型在欧美等发达国家日渐流行，该模型根据企业债券市场上相同信贷评级的企业债券的最大风险溢价估计得出，所以并不适用于企业债券市场不发达、债券价格不透明的国家或地区。期权模型和 VaR 模型假设企业股票价格符合正态分布，故受到质疑。此外，这两种模型只适用于大企业，而对中小规模企业并不适用。Credit Risk+模型适合大量小规模贷款组成的信贷资产组合情形，但对该模型的质疑在于它假设违约概率服从泊松分布。

(四)案例推理方法

案例推理方法是人工智能领域中的一种方法，简称为 CBR。这种方法通过比较案例库中的相似案例，通过类比或相似比较的推理方法，得到目前问题的一种解决方案。如果对选择出来的相似案例提供的解决方法不满意的话，还可以修正此方法，并把它在案例库中进行调整，以便今后进行参考。案例推理方法主要包括案例检索子系统和知识发现子系统。

(五)层次分析法

层次分析法中的步骤包括选择专家(农信社客户经理、信用评估理论专家、信贷管理人员等)。通过专家的分析，并利用 AHP 方法获得各项指标值对应于相应层次的权重排序，得出每一个指标层的重要权重，从而建立判断矩阵。计算判断矩阵中系数 A 的最大特征值并进行一致性检验。

(六)民间评价法

虽然农村社会具有熟人社会的性质，并且在前文分析共同金融的特征时，讨论了熟人社会对合作金融的正面影响，但是在熟人社会的差序格局中，还具有圈内和圈外的特征。人们处理圈内和圈外的人际关系，以及由此带来的交易成本是不同的。同样的人在圈内和圈外的处事方式、态度和行为可能会完全不一样，这可能会引发农村社会中的道德悖论。在圈内，人们更倾向于采取团结等人情规则；而在圈外，则更多地采取工具主义的行事法则。所以农户在不同的场景下做出不同的行为方式，常常表现为一种道德悖论。只要他的行为场景离熟人社会越远，或离差序格局的中心越远，其受到的自我道德约束就越小。在金融借贷交易中，可能其更容易拖欠还款或不还，由此降低了资金的使用效率。

随着农村社会网络的变化，人口外出、新型城镇化建设、社会结构变迁等，社会结构中存在的信任方式、信任本身的内涵和功能也在发生变化。马克思·韦伯将社会中的信任分为特殊信任和普遍信任两种：特殊信任建立在家族或亲族关系之上，主要以血源性社区为主；而普遍信任以信仰共同体为主。尼古拉斯·卢曼把信任分为系统信任和人格信任：系统信任以社会中的普遍规则为基础，而人格信任则主要建立在感情基础上。

要注意信用的功能有正和负。信用的正的外部效应可以减少交易成本，并提高交易的效率，但是信用的负的效应传播速度往往更快，更具有社会网络传染性。所以对农村社会信用体系的建立，其意义不仅仅在于信用体系对农村金融和农村经济发展的正的效应，还在于出现的负面的信用事件对金融发展的影响。农村信用体系的建立，需要官方和农户、农民的全力合作。由官方组织的机构进行农户或农民的信用体系评价，主要是以成本较低、覆盖面较广的方式完成信用信息收集。充分发挥地方政府的组织作用，合理安排农村的融资结构，在农业现代化的过程中防范信用危机和信贷风险，提高农村金融的服务能力，为农村信用体系建设提供制度保障。并且，对信用风险的防控不仅是观念上的，而是要落实在具体的经济行为中。让农村金融市场中的主体知悉任何破坏信用的行为都将受到相应的惩罚。所以在农村地区建立信用，关键点包括明晰的产权关系、建立在财产关系上的信用关系、信用制度的多元化和不脱离本土文化的信用关系。

第五章　农村劳动力转移性就业的研究进展

一、对劳动力转移路径的研究

人口迁移是人们以定居为目的、跨越一定地理空间的移动现象。马克思结合对马尔萨斯人口理论的批判，从资本积累和过剩人口关系的角度论述了资本主义社会的人口规律，并建立了自己的过剩人口理论。17 世纪英国古典政治经济学的创始人威廉·配第，从经济发展的角度研究人口流动，在《政治算术》中对商业劳动者、制造业劳动者、农业劳动者的收入排序的描述，可以称作对劳动力进行研究的先河。威廉·配第关于劳动力转移与产业间收入差距的研究被称为“配第定理”，他认为，比较利益的存在是促使社会劳动力从农业部门流向工业部门和商业部门的原因。从世界范围看，英国是世界上最早实现农业劳动力转移的国家，英国通过实行圈地运动式的强制性转移，实现农业劳动力人口慢慢流向第二产业和第三产业，这个过程延续了三百多年。到 20 世纪 70 年代，英国的农业劳动力仅占全部就业人口的 2.7%。美国从 19 世纪 20 年代末到 20 世纪 70 年代，完成了农村剩余劳动力的转移，采用了大规模工业化条件下农村劳动力自由迁移模式，走出了一条工业化、农业现代化、城市化同步发展的成功之路，目前农业劳动人口占从业人口的比重仅为 2%。日本的农村剩余劳动力转移从 20 世纪初至 20 世纪末基本完成，主要是在政府政策引导下，通过发展劳动密集型工业吸纳农村剩余劳动力。1977 年农业劳动力人口占就业总人口的比重约为

13%,目前这一比重仅为4%。与发达工业化国家非农化的历程不同,新兴工业化国家和地区(如韩国和我国的台湾地区)面临的是不利的人口环境,农业达到商业化转折点的时间晚于发达工业化国家,基本实现农村剩余劳动力转移的时间大约在20世纪60～70年代。目前农业劳动力占总就业人口的比重,韩国为8%,我国台湾地区在1990年约为12%。在转移形式上,韩国以集中型转移为主要方式,农村剩余劳动力主要流向大城市;而我国台湾地区则采取了分散型转移方式,农村剩余劳动力既有向大、中、小城市转移的,也有被农村非农产业吸收的。

拉文斯坦于1889年基于人口统计资料的观察结果,系统地研究劳动力迁移现象,并发表《人口迁移律》(*The Laws of Migration*),总结出人口迁移法则。拉文斯坦提出,人们总是尽可能地迁移到力所能及的地方,比如农村人口迁移比城市人口容易。劳动力在迁移的过程中会碰到各种阻碍。在迁移的过程中,男性倾向于长期迁移,而女性倾向于短期迁移。他认为,在人口迁移的过程中,经济因素是促使人口转移的主要原因。以博格为代表的人口流动推拉理论,着眼于迁出地的消极因素和迁入地的积极因素对迁移者的影响。博格认为农村和城市之间的人口转移主要是流出地和流入地两地的推拉四种力量合力作用的结果。推拉理论指出,在劳动者做出迁移决策时,流出地和流入地分别有促进和阻碍的作用,劳动力在这种阻力和推力的复杂作用下做出自己的迁移决策。20世纪60年代,李(Lee)在拉维斯塔和博格的理论基础上,提出了更为细致的人口推拉理论。他认为劳动力的迁移决策受到各种不同因素的影响。克拉克(1940)在《经济进步的条件》一书中,对威廉·配第的理论做了改进,被称为"配第—克拉克"定理。克拉克在多个国家、多个部门产出和投入数据的基础上,认为随着人均经济水平的发展,第一产业内的国民收入和劳动力的比重会慢慢下降,而第二产业的国民收入和劳动力相对比重会增长。随着经济的进一步发展,第三产业国民收入和劳动力的比重也开始上升,即越来越多的劳动力开始流向第三产业。美国地理学家泽林斯基(Zelinsky)在1971年提出了人口迁移转变假说(hypothesis of the mobility transition),他认为可以把社会发展分为五个阶段,每一个阶段的人口流动都受到那个阶段经济、人口结构等各种要素的影响。

所以在同一个社会不同的发展阶段中，人口的流动和迁移都表现出不同的规律。

发展经济学对劳动力的转移做出了较大的贡献，对劳动力转移的经济学原理进行了较为详尽的分析，其中较具代表性的有刘易斯模式、拉尼斯模式、乔根森模式以及托达罗模式。古典二元经济理论（Lewis，1954；Ranis和Fei，1961）有一个基本假设，即农业工资是外生决定的。该理论认为农业工资不由市场力量决定，并且能维持劳动力的基本需求，它在经济发展过程中始终保持不变，刘易斯称之为"生存工资"，而拉尼斯和费景汉称之为"制度性工资"。属于新古典经济体系的乔根森模型（Jorgenson，1961）则放弃了农业部门劳动边际生产率为零的假设，他认为工业部门和农业部门的工资都是由技术进步率和资本积累率决定，所以农业部门的工资水平一直呈现上升趋势。与刘易斯的假设不同，托达罗（Todaro，1969）以及哈里斯和托达罗（1970）认为农村中不存在剩余劳动力。他们在城市人口失业的前提下构建了劳动力转移模型。该模型认为城市正规部门存在一个由制度因素决定的最低工资，农业工资最后是由农村劳动力市场和城市非正规部门的劳动力需求的均衡工资决定的。刘易斯（1954）提出二元经济结构理论，社会经济的二元结构由维持生计部门和现代资本主义部门组成。刘易斯在劳动力无限供给的经济发展背景下坚持两部门观点，认为城市工业部门的一般工资水平高于乡村农业部门的收入，即城乡收入差距是导致农村剩余劳动力流向城市工业部门的主要原因。刘易斯首先假设两个部门之间存在收入差别，他认为维持生计部门中存在大量的边际劳动生产率为零或者负数的劳动力，在这种情况下劳动力的供给可以认为是无限的。在刘易斯两部门结构发展模型的基础上，费景汉和拉尼斯提出了新的劳动力迁移模型。在他们的模型中，人口迁移的数量和迁移时间取决于工业资本储备的增长率、人口增长率和工业技术进步。拉尼斯和费景汉（1961，1964）进一步认为，只有在农业生产率和劳动力转移速度超过人口增长速度的情况下，才会出现刘易斯的二元经济结构，他们提出的劳动力转移的三阶段模型简称为LRF模型。乔根森认为农村劳动力转移到城市，是消费结构变化的必然结果。托达罗的城市和农业之间的人口迁移模型认为，大力发展农村经济是解决城市失业和实现农村剩余劳动力转移的根本出路。托达罗(1969)提出预期收入差异理论,他的基本思想是人们选择流动的根本原因是预期收入,而不是实际收入。哈里斯—托达罗模型通过引入城市就业概率要素,得出较高的城市工资会导致较多的城市失业的结论。哈里斯—托达罗模型解释了发展中国家农村劳动力人口流动与城市失业并存的现象。

作为芝加哥学派新古典主义代表人物,舒尔茨(T. Z. Schultz)否定农业中有剩余劳动的存在。对于人口转移的原因,他提出了成本—收益理论(cost-benefit theory)。舒尔茨认为,劳动力的迁移行为决策取决于迁入地与迁出地的收入差是否大于迁移成本。以斯塔克(Stark)等人为代表的新劳动力转移经济学认为,农村劳动力转移的原则不是追求个人福利最大化,而是追求家庭福利最大化。Ahluwalia(1976)、Adelman 和 Robinson(1979)、Knowles 和 Anker(1980)等从更宏观的角度研究劳动力从农村迁移到城市的长期迁移决策。联合国 1979 年的研究报告认为,劳动力流动会影响社会的食品价格,并与社会安定息息相关。在报告中提出,大量农村向城市的迁移劳动者,会提高食品价格,并且带来更多的社会不稳定因素。其中,低就业率群体、长期无业人员,以及社会中相对剥夺感较重的人,都是社会不安定的引发因素。如果控制不好这些问题,就有可能带来政治的不稳定。Lipton(1977)指出经济发展过程中要注意底层群众的需求,尤其是从农村向城市迁移的劳动力群体。

1980 年以后,随着对劳动力问题研究的深入,学者们将视角放在了与单个劳动者相关的微观层面,开始考虑劳动力转移是否与家庭、内部和外部参照群体、个人素质、社会文化和人际关系等因素相关。以斯塔克为代表的新经济迁移理论、Piore 的二元劳动力市场理论、钱纳里和塞尔昆的多国模型、沃勒斯坦的世界系统理论都是这个时期劳动力流动相关研究的代表理论。新经济学对劳动力迁移的理论研究和实证成果都颇为丰硕。他们首先严格区分了劳动力和其他商品的不同属性,在这个基础上,从理论研究和实证检验等不同的角度研究劳动力迁移的过程,包括参照群体对迁移决策的影响、迁移者个人与家庭的关系、迁移者的汇款对流出地农业的发展等。斯塔克认为劳动力的迁移决策受到家庭因素和个人因素的共同影响,家庭作为一个整体是决策行程的主体。他把劳动力的汇款视作个体和家庭之间的一种约定，从个体迁移对家庭户农业的发展等角度探讨了家庭在劳动力迁移过程中的重要性。Lipton(1980)认同，个人迁移对家庭的负面影响，他认为随着城市劳动力市场结构的改变和农村地区教育因素的普及，农村劳动力的迁移并不能给迁移者带来预期更好的收入。反而大规模的劳动力迁移加剧了农村地区人力资本缺乏的事实，影响农业技术的发展和推广，从而恶化了农村地区的发展。斯塔克(Stark,1984)也赞同农村地区教育的普及非但没有提高迁移者的经济收入，反而由于教育的稀缺性与回报性之间的相关关系，当越来越多的具有相同教育背景的劳动力迁移到城市地区时，他们并不能在城市劳动力市场中获取预期的收入。Yitzhaki(1980)和斯塔克(1984)的进一步研究认为，当迁移劳动者做出集体决策时，可以加强他们在城市劳动力市场的地位。斯塔克(1980)认为，人口从农村迁移到城市，然后汇款回农村地区，可以有效改变农业生产方式，但并不能有效促进农业的发展。如果想更好地利用汇款，则需要制度层面的支持。罗泽尔等(Rozelle et al.,1999)通过对劳动力迁移的研究发现，劳动力迁移对家庭农业生产的影响是双重的。一方面，劳动力迁移对农作物产出的直接影响是负面而且显著的；另一方面，劳动力迁移虽然减少了家庭从事农业的劳动力，但外出劳动力给家中的汇款却增加了家庭的可使用资金。斯塔克等人在研究劳动力迁移的过程中很重视参照群体对迁移决策的影响，认为周围同伴会对劳动力的迁移决策产生很大的影响。很多其他理论也试图研究劳动者的迁移决策如何受到参照群体的影响。比如劳动者在迁移之前，会与当地的周围人比较，当他发现自己的工资收入低于当地平均工资时，会选择外出打工。随着迁移到城市地区，个体劳动者的参照群体会发生变化。迁移决策除了受参照群体的影响外，还受到劳动力个体的技术水平影响。在给定的一个职业中，假定员工的技能水平为 S，他从 P 和 R 不同的雇主处可以获得的收入水平分别为 $W_P(S)$ 和 $W_R(S)$，如果 $W_P(S)>W_R(S)$，且 P 单位和 R 单位的技术水平信息是不对称的，则 R 单位会按照 P 单位的平均工资的标准付薪水，则最终博弈的结果就是在 P 单位和 R 单位两者之间，要么没有迁移者，要么都迁移到一方。这个决策过程是劳动者个体随着参照群体的不同，不断修改自己迁移决策的一个完整的过程。

也有一些研究认为从农村地区向城市地区的人口迁移，会造成生育率的下降。其背后的经济意义在于，迁移的劳动者到城市劳动力市场以后，会受到实际收入和生活成本上升等因素的限制，从而主动降低生育率。Barnum 和 Sabot(1976)认为，农村地区教育程度比较高的年轻人是风险偏好的群体，他们想利用自身的人力资本换取更多的经济利益，从而带动了农村人口向城市迁移。与此同时，农村地区稍富裕家庭，认为农村地区没有较好的教育环境，便选择带孩子离开农村，去城市生活。皮奥雷、多林格、戈登和卡诺依等人提出了劳动力市场理论，他们认为劳动力市场由于制度性因素被分割成不同的部分。在不同的劳动力市场中教育对收入产生不同的影响。在主流劳动力市场中，员工的收入高、晋升机会比较多、发展前景良好。在边缘劳动力市场中，雇员的工作不稳定、工资较低、工作条件相对较差。并且这两个劳动力市场之间具有相对封闭性，相互之间的流动性比较低。通过比较两类劳动力市场的市场特征，提出了各自市场中劳动力流动的特征。

舒尔茨(2003)在他提出的“市场与理性小农理论”中，认为贫穷经济增长缓慢的经济基础并不是因为传统农业生产要素的低效率生产水平，也不是传统要素的低于最优水平的效率。因为在经济行为中，如果偏好和动机确定，要素的边际收益一直太低的话，理性的主体就不会追加储蓄和投资。所以在这个前提下，经济的迅速增长并不在于勤俭的好习惯。经济快速增长的核心在于有效地使用和投入生产要素。塞缪尔·波普金进一步阐明了舒尔茨的思想，他认为农民可以做出使自己的期望效用最大化的选择。该理论得到的最多批评在于，认为其使用的样本并不属于传统意义上的小农，所以掩盖了真正的小农群体的特征。

恰亚诺夫(1996)提出“生存—道义小农理论”，即农村家庭户的劳动力最大化的开发程度受到家庭消费需求的推动。当农户的家庭消费需求增长时，农民自动提高自我劳动的程度。但是劳动能力的使用程度受到劳动本身辛苦程度的制约。同劳动力产出的收益相比较，劳动力的生产劳动越辛苦，生活水平就会越低。但在真实的农村生活中，即使要达到这种较为低等的生活水平，农户也必须付出巨大的努力。但如果预期的生活水平低到一定程度，农户就会放弃投入劳动力到收益较低的生产行为中。也就是说，劳动力自我开发的程度靠需求满足程度和劳动艰苦程度之间的某种平衡关系来确定。在恰亚诺夫的研究基础上，詹姆斯·斯科特认为，生存伦理根植于农民社会的经济实践和社会交往之中，既然农民宁愿减少灾害的概率而不是争取最大的平均利润，那么在对租地使用权制度评估方面，农民生存收益的稳定和保障就比其平均利润被取走的量更具决定性。安全第一是小农户的防御圈，他们按照“安全第一、避免生存风险”的原则进行劳动力投入和生产的决策。

也有很多学者关注农村地区的劳动力供求关系变化和农业发展之间的关系。马尔萨斯在人口理论中阐述过人口变化与农业增长的关系。从Boserup(1975)关于劳动力变化与农业发展的讨论中，引申出劳动力供需状态的变化与农业发展之间的关系的讨论。如果流出地的劳动力资源比较充分，则劳动力的转移不会影响当地农业的发展。但如果流出地的农业劳动力本身就供应有限，对农业发展可能会有不同的影响，就这一点学者们给出了不同的答案。Lucus 对南非农业地区的研究、Taylor 对墨西哥农民的研究、Mendola 对孟加拉国农业劳动力的研究以及 Grau 的研究认为，劳动力的转移对农业发展的好处显而易见，劳动力外出增加的收入可以弥补农村地区短缺的资金状况，还可以促进农业技术的发展。同时，另一些研究认为劳动力的转移给农业发展带来负面的影响。Hatirlia、Peters、Clay、Alan de Brauw、Rozelle 等人的研究认为，农业劳动力投入的减少会缩减农业用地的劳动力集约度，从而影响农业产出。Strijker D. MacDonald、Tzanopoulos、Yamada 等人认为，劳动力的转移会增加农用土地被荒废的风险，一些产出本来就低的土地会首先被荒废。其次在一些地区，原来的双季产物改为单季产物，出现季节性土地荒废，从而影响当地农业发展。Chiswick 和 Miller(2008)的研究建立假设方程 $W_a = A + \alpha H$，其中 A 代表基础工资，H 代表由其他因素导致的附加工资，语言等其他因素被包括在 H 中。在此方程的基础上，用选择性修正技术研究语言能力和收入之间的关系，并指出语言能力的好坏会极大地影响农村劳动力的收入。此外，Leela Fernandes(2004)研究了印度建筑业外来工人的情况，认为社会资本网络使外来流动工人能更快地在当地劳动力市场中找到工作。Ingrid Nielsen(2010)采用 Allport(1954)提出的接触假设理论,用实验心理学的方法,对600名中国流动农民工做了调查。实验表明,在城市工作的流动农民工愿意与城市本地居民有较多的接触和联系,所以造成二元劳动力市场分割现象的可能并不是人为的个体心理因素,而是制度性的户口因素。Martin Ruhs(2010)则认为对流动劳动力的研究,不能与政策背景分开。

虽然国外对劳动力流动的大规模研究已有数十年,由于经济、文化等各种因素的影响,中国学者把劳动力问题规范化、规模化地纳入学术研究的范围差不多是20世纪80年代。当时,伴随着乡镇企业的发展,开始出现对农民进入集镇务工、经商的调查研究。90年代初,农民工外出打工的步伐越走越远,随后开始出现对珠江三角洲外来农民工的调查报告。从1995年开始,对农民工研究的广度和深度都开始扩大。90年代末,越来越多的劳动力涌进珠江三角洲等经济迅速发展的地区。同时,出现了部分劳动力返回家乡的回流现象。很快,劳动力向各方向的流动问题成为各学科研究的显著问题。大规模的劳动力迁移是一个非常复杂的社会现象,关系到劳动者个体和整个社会的经济效益和社会效益。胡景北(1997)曾对刘易斯二元结构模型和LRF模型中的农业工资外生决定提出质疑,并在古典二元理论的基础上提出了发展中经济的一阶级模型。该模型和刘易斯模型的区别在于它假定农业部门内只有农民一个阶级,他们既拥有土地,又耕作自己的土地。而在典型的刘易斯模型中,农业部门有两个阶级,即拥有土地的地主和耕种土地的农民。在一阶级模型中,农民无须缴纳地租,他们的所得便是土地的总产品,他们的工资便是他们的平均生产率。工业工资以及整个经济的均衡工资,等于由农业劳动的平均生产率决定的农业工资。胡景北最后证明,农业中虽然可能存在大量过剩劳动力,农业劳动的边际生产率虽然可能低于生存水准,但在经济发展过程中,只要农民能够向工业部门转移,农业工资以及整个经济的均衡工资就会上升。除了关于这一问题的理论研究外,中国以及外国学者对中国的劳动力转移对家庭农业生产的影响也做了大量的实证研究。杜鹰(1997)利用农村劳动力外出就业较多的四川和安徽两省调查资料,通过对外出户和非外出户的比较,证明农村外出就业并不必然导致农业生产的下降或提高,因为外出户的农业生产中存在着资金对劳动的替代。Rozelle 等(1999)的研究发现,农业劳动力的迁移对家庭农业发展的影响是双重的。一方面,劳动力的迁移造成从事农业的劳动力数量下降,造成农业产出下降;另一方面,外出劳动力给家中的汇款可以增加家庭的可分配资金。李实等(1999)对农村转移劳动力收入分配效应的实证分析认为,农村劳动力流动不但可以直接、间接地提高外出打工户的家庭收入水平,而且就全国而言,还会抑制农村居民收入差距的扩大,对缓解城乡居民收入差距的扩大发挥积极的作用。另外一些研究(赵树凯,1998;都阳等,2003;马忠东等,2004)认为农村劳动力的转移会使农村的资源和要素配置更加合理,农村劳动力素质得以提高,收入也有明显提高,农村劳动力转移从根本上促进了农村社会的稳定。

二、劳动力流动的可能影响因素

(一)收入差距与劳动力流动

在发达国家和发展中国家,都有一个劳动力伴随经济增长从农业流向工业的过程。发达国家的这个过程发生在工业革命发生之时,中国的这个过程发生在改革开放之后。1969 年,托达罗提出了一个模型来解释这种劳动力流动的现象,托达罗模型的中心思想是城市中存在的工作机会比农村工作机会更有吸引力,虽然流入城市寻找工作机会的劳动力难免会遇到很多阻碍,但是城市地区的工作机会还是非常具有吸引力的。托达罗模型与 Sjaastad 在 1962 年提出的劳动力流动模型很相似,关键的不同是托达罗使用的是期望工资,而 Sjaastad 使用的是城市地区的实际收入。哈里斯和托达罗在 1970 年建立的模型认为对所有劳动者来说,获得城市地区就业部门的工作机会是平等的。在哈里斯—托达罗模型中,当农村工资等于预期的城市工资时,劳动力就缺乏转移的动机。但在实际研究中对农村工资和城市工资进行比较则相当困难,因为劳动者个人技能不同、对生活成本的适应性不同、农村地区和城市地区劳动的工种也不同。哈里斯和萨伯特(Sabot，1982)提出的模型放松了哈里斯和托达罗经典模型中的另外两个假设：对城市工资的唯一性假设和工作机会的完全信息假设。就业市场中的信息的客观分布使获取最优工作的平均时间变得更长，所以恶化了流动劳动力的失业状态，延长了其失业周期。对城市工资的更高期待加强了劳动力流动的意愿。劳动力流动的方向，比较主流的有农村向城市方向的流动，还有农村和农村之间的流动。但是不管是哪个方向，大部分劳动力都会为了经济利益选择从经济条件较差的地区迁移到经济条件较好的地区。最近二十多年中国的劳动力流动也多是从西部地区和中部地区流入到较为富裕的东部地区。区域收入差距和劳动力流动之间的作用也是相互的。Jorgenson 和 Griliches(1967)、Todaro(1969)、Mas-Colell(1972)、Lucas(2004)认为，劳动力在不同区域间的自由流动，会改善地区收入差距的状况，从而带来地区收入差距的均等化。王小鲁和樊纲(1995)认为，劳动力流动一方面增加流入地人口，另一方面减少流出地人口，从而通过人口的变化影响地区经济。他们认为区域间劳动力迁移有利于缩小地区差距。但也有研究认为，劳动力转移带来资源的再分配，市场化制度变革引起的部门之间大规模的资源重新配置导致了农村工业乃至全国经济的持续增长。林毅夫等(1998)认为，劳动密集型和资本密集型产业之间的置换促进了全国经济的增长。潘文卿(1999)的实证分析表明，1979～1999 年间劳动力结构变化对经济增长的贡献是 13.8%。姚枝仲和周素芳(2003)利用一个局部均衡模型认为，区域间劳动力流动除了能使地区间要素收入相等以外，还能削平地区间的要素禀赋差异，从而缩小地区间经济差距。林毅夫(2004)通过估计迁移者对地区间收入差距的反映弹性，认为劳动力迁移是一种缩小差距的有效途径。王小鲁和樊纲(2004)认为，劳动力流动能带动中西部低收入地区的劳动生产率的提高，并且带来大量的汇款，因而劳动力流动有助于缩小地区差距。

已有的大量研究表明，收入差距和劳动力流动呈现相互作用的状态。大部分关于劳动力转移的研究都承认，经济因素是导致劳动力转移的首要因素，流动劳动力希望通过改变工作决策获得更高的经济收入。受不同地区经济发展程度的影响，地区间的人口流动的方向和规模也有显著不同。

世界银行的报告(2008)、Khan 和 Riskin(1998)、Kanbur 和 Zhang(2004)的研究指出，地区间的收入差距是影响劳动力迁移的主要因素。段平忠和刘传江(2005)将各省 1978～2003 年间的经济增长率(人均 GDP 增长率)和各种解释变量进行回归，并采用同时期各省份人口净迁入数量的年均增长率作为劳动力迁移的指标，得出人口迁入与地区经济增长有显著关系，并进一步分析认为人口迁移有助于缩小地区差距。段小梅(2003)认为在跨地区的流动中，劳动力主要流向经济发展水平较高的地区。她的研究数据也表明，东部地区的打工人员的年收入远远高于全国平均水平。刘学军和赵耀辉(2009)的研究显示，每增加一个外出劳动力可以使家庭纯劳动收入增加 55%，每增加一个在本地非农产业就业的劳动力可以使家庭纯劳动收入增加 19%，而每增加一个本地农业劳动力只能使家庭纯劳动收入增加 5%。李实(1999)使用中国社会科学院经济研究所的 1995 年居民收入抽样调查农户数据，采用收入函数的估计方法，分别对外出劳动力户和非外出劳动力户的收入函数进行了估计。研究结果显示，外出劳动力不仅能够获得更高的劳动报酬率，而且他们的转移还会对家庭中其他劳动力劳动报酬率的提高产生积极的影响。Kalirajian 和 Wang(1993)、林毅夫(1998)认为，劳动力转移带来资源的再分配，市场化制度变革引起的部门之间大规模的资源重新配置导致了农村工业乃至全国经济的持续增长。潘文卿(1999)的实证分析显示，1979～1999 年间劳动力结构变化对经济增长的贡献是 13.8%，表明劳动力再配置与经济发展之间有紧密关系。沈坤荣和唐文健(2006)认为，劳动力转移的规模会影响经济收敛的性质。大规模的劳动力转移会使经济先发散后收敛，小规模的劳动力转移使经济直接收敛。由此，政府应该发展欠发达地区的劳动密集型产业，实现农村劳动力就近转移，促进产业升级，促进经济增长的根本转变。邓曲恒(2007)认为，在低收入和中等收入人群中，约 60%的城镇居民和流动人口之间的收入差距是由歧视造成的。许召元和李善同(2008)的研究认为，2004 年在本地就业的农村劳动力约为 0.8 亿，外出农民工约为 1.2 亿，其中跨省流动的约为 0.6 亿。他们使用一般均衡理论为框架的 CGE 模型后发现，区域间的劳动力迁移虽然能显著提高劳动者的收入水平和消费水平，有效改善区域间的配置效率，但由于存在

“资本追逐劳动”的现象，并不能缩小人均GDP的地区差异。蔡昉(2005)讨论了为什么劳动力流动没有缩小城乡收入差距的几个因素，认为迁移规模不足是劳动力迁移不能缩小城乡差距的主要原因。他认为劳动力流动有两个过程:第一个过程是劳动力离开自己的家乡;第二个阶段是劳动力在流入地城市长期安家生活。中国现有的体制因素阻碍了流动农民工迁移的第二个过程。李小平和陈勇(2007)的研究认为，劳动力流动不会对生产率增长起促进作用，即劳动力转移带来的结构红利假说不成立。朱海就和周颖(2000)认为，就业歧视的存在和劳动力流动中遇到的其他阻碍，使劳动力资源的配置效率受损，社会总产出从而减少。罗霞和王春光(2003)认为，新生代流动人口因为有更多的期望没有实现，所以对现状的满意度没有第一代农民工高。吴宏洛(2004)的研究发现，已进入城市从事第二和第三产业的人口约为7 600万，如果每个人每个月给农村的家里汇200～500元，则每年有约1 824亿～4 560亿元的资金汇入农村地区。汪段泳和朱农(2007)的研究发现，农村非农产业的发展在城市化过程中发挥着双重作用。在东部和西部地区，农村非农产业和城市化过程是互补的，而在中部地区，两者之间则表现为替代作用。

劳动力流动的原因有很多，但是大部分文献支持寻求更高的经济收入是劳动力流动的最主要的原因。从生命周期角度来分析，年轻人更倾向于不断选择收入比较高的工作。Sjaastad(1962)的研究显示，虽然在劳动力选择流动的早期阶段要付出较高的各种成本，但是劳动力把流动行为当作一种投资，以获得未来更高的经济收入。Rogers 和 Castro(1983)的研究结果显示，选择流动的劳动力的年龄峰值出现在20～25岁这个年龄段，他们认为年轻人能承担更多的机会成本，所以选择流动的意愿也更高。劳动力选择流动的第二个主要原因是城市地区有比较多的就业机会。在发展中国家，经济的增长伴随着劳动力从农业流向工业或第三产业。城市中出现的贫困户聚居的棚户区，以及大量失业人口的增长，都不能阻止劳动力从农业向工业的转移。Sjaastad(1962)、托达罗(1969)等在不同的模型中提出一个相似的观点，即流入城市地区的劳动力是为了获取城市地区更好的就业机会，两个模型的区别在于Sjaastad使用的是城市地区的实际收入，而托达罗使用的是劳动力的期望工资水平。虽然哈里斯—托达罗模型认为,当农村现有的工资等于城市的预期工资时,就不能再继续刺激劳动力的流动行为。Squire(2013)和Kannappan(1985)提出,很难准确比较农村工资和城市工资,所以相对来说城市工资在吸引农村劳动力方面始终占有优势。况且在经济发展的同时,发展中国家面临的一个主要问题是农村地区和城市地区存在越来越大的收入差距。Gregory(1975)的研究发现,非技术工人在加工制造领域的名义工资比农业部门平均高37%。农村地区和城市地区存在收入差距也使越来越多的农村劳动力转移到城市地区。

王美艳(2005)、陈钊和陆铭(2008)、高文书(2006)、Fan和Mingjie Sun(2011)认为,中国城乡间劳动力流动规模增加的同时,城乡收入差距也在扩大。王美艳(2005)认为,外来劳动力与本地劳动力存在极大的工资差别,由市场歧视造成的低收入现象使得外来劳动力很难对流出地做出贡献。陈钊和陆铭(2008)认为,中国的劳动力流动并没有缩小城乡收入差距,反而随着劳动力不断转移的过程,城市内部本地职工和外来职工的工资差距是不断扩大的。高文书(2006)通过对五个城市的农民工调查数据的基础上使用回归分析,认为农民工的小时工资在不同的城市之间存在很大的差异,劳动力的流动并没有改变地区间的收入差别。Mingjie Sun(2011)通过逻辑回归模型认为,在1990～2000年间,本地居民和外来劳动力的收入差距并没有缩小,在某种程度上这种差距呈现扩大的趋势,并且户籍制度的改革也没有改善这种状况。李小平和陈勇(2007)的研究认为,劳动力流动不会对生产率增长起促进作用,即劳动力转移带来的结构红利假说不成立。夏德孝和张道宏(2008)认为,劳动力流动能促进东部沿海地区工业化和城市化水平,但由于人力资本的匮乏等原因,减缓了中西部地区的工业化和城市化进程。

(二)中国是否存在剩余劳动力

我国东部沿海地区,如珠三角等地出现的民工荒,以及民工返乡的现象,引起了中国是否还有剩余劳动力的讨论。陆学艺(2005)、李勋来和李国平(2005)、章铮(1995)、侯鸿翔(2000)、陈锡康(1992)、胡鞍钢(1997)、陈杨乐(2001)、李子奈(2000)、谢培秀(2004)、王检贵和丁守海(2005)、Kinglun

Ngok(2010)、蔡昉(2007)、侯风云(2004)等研究认为,中国还存在剩余劳动力。Zhong Shenwu(2011)分析第一代农民工和第二代农民工的区别,认为沿海地区出现民工荒现象并不代表剩余劳动力的消失。他用模糊综合评价法得出第一代农民工中有55.4%的比例选择当转移劳动力,第二代农民工中这一比例为74.6%。他认为,阻碍第二代劳动力转移的主要因素是实际收入低于预期的收入。李勋来和李国平(2005)认为,2003年我国的城镇人口为5.24亿,乡村人口有7.69亿。按照发达国家5%农村人口的标准,中国有7亿左右农村人口需要转移到城镇。考虑到中国的具体国情,虽然实际转移人数会少于7亿,但仍然是一个庞大的数字。章铮(1995)采用农业资源存量法,认为假如中国全部农业自然资源都得到合理开发,1992年中国广义农业中存在约9 000万人的剩余乡村劳动力。侯鸿翔(2000)估算1996年我国农业剩余劳动力为11 567万人。陈锡康(1992)估算1990年我国农业剩余劳动力为9 800万人;王城(1996)估算1995年我国农业剩余劳动力为13 800万人。胡鞍钢(1997)利用耕地劳动比例法估算2000年我国农村剩余劳动力为20 538万人。陈杨乐(2001)利用劳均播种面积推算法估算2000年我国农业剩余劳动力为16 554万人。刘建进(1997)估算1994年我国农业剩余劳动力为8 500多万人。谢培秀(2004)结合我国农业生产实际,运用农业技术需求法估算第一产业劳动力投入量,并结合第五次人口普查和第一次农业普查资料,估算2000年我国农村劳动力二、三产业就业量,得到农业剩余劳动力数量为1.3亿人。李子奈(2000)按照国际通行的就业结构偏离度进行估算,估计结果为1.6亿人。Kinglun Ngok(2010)认为中国有2.6亿流动人口,其中1.5亿是流动劳动力。蔡昉(2007)根据农村劳动力加总数量、年龄结构和就业分布,估算出2007年中国农村约有1.2亿剩余劳动力,剩余比例约为23.5%,其中一半超过40岁。王红玲(1998)测算出的剩余劳动力大约为1.17亿人。农业部课题组在2000年认为我国需要的合理的劳动力数量为1.96亿人,按1998年农业劳动力数量为3.48亿人计算,剩余劳动力约为1.52亿人。李文(2001)在农业部课题组测算的基础上,认为在农业劳动生产率提高的背景下,并且农业耕地面积不变的约束条件下,农业剩余劳动力将增加到1.8亿人。王检贵和丁守海(2005)使用古典测算方法得出中国的农业剩余劳动力约为4 600万人，并且剩余劳动力主要集中在中西部地区。其中，西部地区的剩余劳动力比例为18.8%，总数约为1 940万人；中部地区剩余劳动力比例约为15.1%，约为1 790万人。侯风云(2004)估计1999年中国农村存在的剩余劳动力规模为13 772.4万人。王铮等利用土地投入可容纳的农村劳动力推算农村剩余劳动力约为2.06亿人。刘铮认为中国目前拥有1.5亿农村剩余劳动力，他使用托达罗模型进行研究，发现由于城市的实际收入低于流动农民工的期望收入，经过利益比较的过程，所以出现劳动力“回流”现象。韩纪江(2003)通过分别计算农村居民总纯收入和全国劳均收入，得出1998、1999、2000年农村剩余劳动力分别是15 903万人、17 249万人、22 324万人。蔡昉(2003)认为，由于户籍制度导致的城市和农村的分离，20世纪50～60年代中国蓄积了约2亿的剩余劳动力。到2000年，大约有7 600万人到城市打工。到2005年，劳动和社会保障部推算有1亿进城农民工。吴忠民(2003)通过使用1988～1998年间29个省份的11年的面板数据，通过扩展托达罗模型和引入Okun法则，认为西部地区的失业率远远高于东部地区。他的研究结论认为经济改革有利于降低失业水平。东部地区的经济改革实施得比较好，而西部地区还是过于依赖国有企业，这就导致西部地区面临严重的失业压力，尤其是成年劳动力的失业压力，所以在西部地区鼓励私营企业的发展也许可以减轻失业压力。陆学艺对农村转移劳动力的计算既考虑了流入人口，也考虑了流出人口，即城镇从业人数减去城镇职工人数得到进入城市就业的“农民工”人数，乡村从业人员数减去农业就业人数得到农村中非农劳动力数量，二者之和就是农村转移劳动力总量。劳动力转移率是计算劳动力转移的另外一个重要指标。总人口参与率是适龄劳动人口比例乘以就业率，如果忽略人口的年龄结构，则总人口参与率是一个恒定的量。因为总人口参与率的变化既可能是劳动力转移的结果，也可能会通过适龄劳动人口增加，成为推动劳动力转移的动力。在计算过程中，具体是用非农就业人口同就业人口的比例，还是用非农就业人口同总人口的比例很重要。分子的确定和工业化、城市化和市场化紧密相关。第一，非农产业的就业变化反映了第二产业发展的影响；第二，工业化同城市化实际上是相互促进的，而非农产业中的第三产业发展状况显然也依赖于城市化的进程；第三，非农产业就业人数的增加同非国有企业的发展密切相关，因而也反映了经济的市场化进程。如上所述，大多数研究认为我国农村地区存在剩余劳动力，但还有一部分学者认为我国的农业剩余劳动力的人口红利已经消失或者正在消失。

目前，关于如何计算农业剩余劳动力的方法主要有以下几种：第一种是按新古典经济理论的边际产出为零假设估算我国的剩余劳动力（侯鸿翔，2000）；第二种是按现有耕地的用工量计算（胡鞍钢，1997；陈杨乐，2001）；第三种是利用生产资源配置的优化模型和均衡条件计算（刘建进，1997）；第四种是利用劳动生产率和技术进步法计算（谢培秀，2004）；第五种是利用国际比较法，按照国际通行的“就业结构偏离度”进行估算（李子奈，2000）。

（三）劳动力流动的方式与方向

对农村外出劳动力回流的研究，国外学者的研究起步较早。兴起于20世纪80年代以斯塔克为代表人物的新迁移理论已经在某些角度能够解释劳动力回流现象。新迁移学说与传统迁移理论最大的不同是从相对贫困和风险分散的角度来考察迁移动机，论证了迁移者在不考虑收入差距的情况下，为了减轻相对贫困感和分散风险而进行迁移的合理性。斯塔克在20世纪90年代末期专门对劳动力的回流现象进行了研究，他认为回流可能出自以下原因：没有在城市找到体面的工作；在城市打工期间积累的人力资本和储蓄在家乡会带来更多的回报；在家乡的生活成本更低等。2003年他又从相对购买力水平和家庭分散风险的角度分析了回流的动机，并又一次强调即使不能提高收入，但为了降低相对贫困感，劳动力个体也会做出迁移的决定。国内对外出农村劳动力回流的研究，主要是针对20世纪90年代中后期城镇就业形势严峻情况下民工的短暂回流，以及此后出现的民工返乡后的“创业潮”两方面的现实问题展开的。这一时期的研究都只是对回流群体中的创业者及其有关情况进行粗线条的描述，既没有涉及农村劳动力回流的总体特征，也没有深入研究回流与创业、回流与外出的关系，但基本结论都肯定了“民工潮”背后将有一个回乡“创业潮”的判断。崔传义、庾德昌等对民工回流问题进行了相对较为深入的研究，在探讨外出与回流、回流与创业的关系上做了一些尝试,但是对调查方法、指标解释和研究框架都没有充分的论述,在分析逻辑上缺乏连贯性,结论得出也过于仓促。因而,如何把握农村劳动力回流的本质特征,就成为判断农村劳动力怎样选择就业方式的关键所在。赵耀辉(2009)使用农业部 1999 年对河北、陕西、安徽、湖南、四川和浙江六省家庭户调查的数据,基于计量的方法(Logit 模型)对回流的原因和影响做了分析,结果显示年老、受教育程度较高、有一个未外出伴侣、家里责任田多、家乡非农就业机会多的外出劳动力更倾向于回流,并认为回流者对家乡的影响是积极的,这主要体现在相对于仍处于外出就业状态的劳动力和从未外出的劳动力而言,回流劳动力在耐用消费品、住房消费特别是生产性投资方面都更有优势和动力。

综合现有的研究和社会实际情况,中国内部的劳动力转移模式主要有四种,即就地转移模式、异地转移模式、合理蓄水模式和多元复合吸纳模式。中国不同的省份由于资源禀赋的不同,产业结构和经济发展的不同,所有不同的省份有迁出地区和迁入地区之分。20 世纪 80 年代以来,我国人口迁移流向以向沿海地区和大城市的集聚型迁移为主。从 1985～1990 年间的情况来看,人口净迁入的省份主要是沿海省份及经济较发达地区,包括北京、上海、天津、广东以及辽宁、江苏、福建、山东、海南等,中部地区仅有山西和湖北,西部地区有青海、宁夏、新疆三个省区。20 世纪 90 年代以后,人口继续向沿海地区流动,据 1995 年 1%人口抽样调查的资料,1990～1995 年间,沿海地区原有的 9 个人口净迁入省份继续呈现人口净迁入特征,此外增加了河北。中部的湖北变为净迁出省份,西部地区仅有新疆保持人口净迁入的趋势。其显著特征是中西部人口密集的农业省份全部成为净迁出省份,形成连片迁出地区,如安徽、江西、河南、湖北、湖南、四川等,而向沿海地区迁移的集中程度则更加明显。在 1995～2000 年间,北京、天津、辽宁、上海、江苏、浙江、福建、山东、广东、海南等沿海省份继续成为净迁入区,仅广西等省份是净迁出区。而中部地区除山西外基本上全部是净迁出区。西部地区省份如云南、西藏、宁夏、新疆等也是净迁入区,形成东西部迁入、中部迁出的新格局。Dustman(2013)通过构建一个个体谋求福利最大化的生命周期模型来分析外流和回流。笔者假设迁移者在一个很长的时间段内通过收益和成本的比较来选择自己的劳动地点，并做出相应的迁移决定。回流的决策主要受以下三方面因素的影响：家乡和目的地的相对价格水平、迁移者在城市积累的要素中只有人力资本要素能在家乡发挥显著作用以及迁移者的主观偏好。Dustman认为在劳动者有效劳动生涯中存在一个可能的时刻，在这个时间点，劳动者通过收益和成本的比较，会做出回流的迁移决定。Tunali(1996)通过对土耳其男性劳动力的重复流动和回流现象的调查发现，回流的原因是多种多样的：教育程度和专业化程度相对较高的人更倾向于通过重复流动去获得高收益，随着年老而产生的风险回避倾向会导致回流；另一方面，随着家乡资本的累积和就业机会的增多，劳动力也会做出回流决策。他的调查还反映出在城市就业失败的人并不是最容易回流的人，回流更多来自那些有工作但没有工作安全感的人。Lucas(2004)认为导致回流的原因可以分为两种：第一种包括在城市没找到工作和某些状况下丧失工作机会的劳动力；第二种的回流基于攒一笔钱的迁移目的已经实现，而家乡是花掉这笔钱或用这笔钱投资最好的地方，或者在情感上想和家庭有更紧密的联系，所以选择回到家乡。农业部农村经济研究中心对20世纪90年代中后期农村劳动力回流问题进行了深入研究，该研究在对安徽、四川两省农村外出劳动力回流情况进行实证研究的基础上，对农村劳动力回流现象发生的原因、过程、后果及其对输出地社会经济的影响，进行了全面的考察和分析，对现阶段的中国农村外出劳动力回流做出了更加符合实际情况的解释。Wang(2007)主要从制度的角度对回流的原因做了分析，他把回流分为三种：第一种是基于城市就业失败的回流；第二种是基于家庭原因的回流；第三种是投资性回流。笔者认为第一种和第三种回流是出于经济原因，而第二种回流则是由制度障碍所导致的在城市定居的困难，并且是回流产生的主要原因。在人口学特征上，笔者认为回流人群相对流出人群处于劣势，对家乡的影响也不显著。刘铮针对与“民工荒”同步发生的农村剩余劳动力大量回流，对农民工回流的成因及效应进行研究。张宗益等(2007)认为，由于我国以户籍制度形成并巩固的特殊二元经济的存在，农村劳动力的迁移决策被置于“农村推力＋城镇拉力＝继续外出”与“农村拉力＋城镇推力＝回流或留在农村”这样两个各自封闭的循环圈内。有研究认为，劳动力回流虽然会促进农村地区经济的发展，但在一定程度上代表中国城镇化的倒退。

通过对中外劳动力流动的相关文献梳理发现，劳动力流动也可以分为居住地流动、国内跨地域流动和国际化流动三类。宋国恺认为改革开放30余年来，中国的农民工群体的变化不仅发生在数量上，其内部结构也在发生变化。他把农民工群体分为四大类别：第一类是私营企业主群体。农民工中的私营企业主群体实质上是指农民工中已经成长为老板的那部分业主。这个群体的基本特质为占有相当的生产资本，并处于雇佣状态。在成长为老板之前多为从农村转移到城市从事个体工商业的农民工（即经商的农民工）。第二类是自雇佣的个体农民工群体。自雇佣的个体农民工群体是指农民工中占有少量资本，并处于自雇佣状态的个体工商业者。尽管这个群体与私营企业主群体都处于雇佣状态，但其主要区别之一为占有生产资本的多寡不同，个体农民工所占有的生产资本相对较少。自雇佣的个体农民工群体是农民工"自营者"中的主体。这个群体在成为自雇佣的个体农民工之前，或者从事农业生产，或者已在农村从事工商经营，转移到城市之后仍然继续从事工商经营。第三类是务工人员群体。务工人员群体是农民工中的绝对主体。这个群体是完全依赖于打工的受薪者，其最根本的特征为处于被雇佣状态，这一重要特征决定了其职业的流动性很大，也决定了这个群体在农民工中处于相对较低的群体位置。第四类是无业或失业农民工群体。这个群体在整个劳动力市场中处于较为边缘的位置。虽然他们已经转移到城市，但由于各种原因处于短暂失业或长期无业状态。不同的是，城市居民在失业期间可获得包括失业救助、最低生活保障等保障待遇以及来自社区的各种帮助或救济，但农民工却"无依无靠"。当然，"无业或失业农民工"在群体中占的比重较低。因为对于绝大多数农民工而言，转移到城市之初或其中某个时期短暂失业是必经阶段。多数农民工经过短暂失业之后会重新找到工作，这也属正常现象。需要指出的是，无业或失业群体中的一小部分最后迫于生计问题而走上了犯罪道路，成为社会治安不稳定的潜在因素之一。正如陆学艺所说，"这个群体规模在迅速扩大的同时，其内部已经发生了剧烈分化，中国社会已分化为十大阶层"。

(四)劳动力流动与农业发展

劳动力的转移对农村经济发展的影响,研究者持不同的态度。大部分学者认为劳动力转移对农村经济发展有正向作用,农村劳动力转移可以提高农业生产率,转化农业结构,有利于生产要素的优化配置,改善劳动者价值观念、思维习惯、生活方式等,从而促进当地的经济发展,提高人民生活水平。邓一鸣(1989)、龚玉泉和袁志刚(2002)等的研究支持农村劳动力向城市转移,认为农村非农化为城市提供了大量的劳动力,推动了城市化进程。李实等(1997)认为农村劳动力的转移能够提高农业生产率,转换农业结构,实现农业规模经营。高迎斌(2000)认为农村劳动力转移有利于生产要素的优化配置;张呈琮(2005)认为农村剩余劳动力转移使劳动者价值观念、思维习惯、生活方式等都发生变化,劳动者素质得到提高。赵耀辉(1997)发现农村家庭每增加一个外出劳动力可增加家庭纯劳动收入 55%,远高于一个本地农业劳动力所带来的增幅(5%)。

与此相反,一些研究认为劳动力的流动会导致农业地区的劳动力不足,从而影响农业产量以及粮食自给。宁光洁(2012)和李俊峰(2005)认为农村劳动力转移带来了农地荒芜、耕种积极性下降等负面影响,不利于农村经济的发展。刘社建(2005)、刘继斌(2005)分析了农村剩余劳动力转移带来的负面影响因素,认为劳动力的大规模转移可能引起城市交通拥挤、就业压力增大等问题,他们强调劳动力转移应与经济社会发展协调进行。鲁奇等(2007)对广西少数民族地区劳动力流动的研究发现,劳动力的迁出对本地农业发展有双重作用,虽然劳动力流动带来的非农就业解决了部分就业问题,但是农业产量受到劳动力总量的影响而下降。

(五)"关系"与劳动力流动

尼采说,人类社会就是一个关系社会。在学术研究中,"关系"作为一种非正式的制度,是社会资本的重要组成部分。研究者们试图从不同的角度研究中国社会背景下特殊的"人际关系"如何影响劳动力转移。梁漱溟先生说,中国是伦理本位的社会,"伦理本位者,关系本位也",这就是在中国社会中形成的人与人之间认定的人际关系。它所表现出来的社会秩序的含义、社会结构的含义之所以在中西方国家不同,是因为中西方国家之间的文化背景不同。中国社会的关系既不是建立在团体本位基础上的,也不是建立在个人本位基础上的,而是建立在充满了人情成分的人际关系本位基础上的(金耀基,1985)。用帕森斯的话说,就是中国的社会秩序结构表现出明显的特殊主义化的关系结构(Parsons,1968)。胡必亮(2004)对屯瓦村几年的跟踪调查发现,“关系”所代表的中国社会网络结构有其清晰的边界,又在某种程度上是灵活的、向外开放的。关系概念对于解释屯瓦村民从村里向村外的流动与迁移具有比较强的说服力。它既能体现从过去的农村合作社、人民公社等集体主义形式向现代以个人自由为基础的新的集体主义形式的变异与转型,也能体现过去与现在以及与未来在集体主义精神方面的一致性和一体化倾向。关系作为一种社会组织与社会结构在其中所表现出来的形式,仍然处于比较初期的阶段。社会资本可以通过降低心理成本,提高劳动市场信息而影响劳动者的流动决策。高虹和陆铭(2010)认为,在中国农村地区,社会信任对流动力的发展起负面作用。但是这种负面的作用可以随着市场化的提高而减弱。当市场化程度发展到一定水平时,社会信任便可以促进劳动力的发展。流动劳动力在工作当地都会积极通过各种方式重建自己的社会资本网络,包括与亲属的联系,居住地与其他邻居的联系或者与其他流动劳动力的联系。这种社会资本的建立,不仅有利于减少在当地生活的心理压力,而且也有利于未来的继续流动。Chen 等(2012)对苏州的流动工人采用 SSQ 和 FRMQ 的方法调查发现,流动工人建立的社会资本网络与其家庭的资本管理方式有关,不同特质的农民工,如婚姻、年龄、教育程度等的不同,会影响其建立何种社会资本网络。Qingwen Xu(2010)认为,流动劳动者内部建立的社会资本网络,有利于促进城市中的移民社区的发展。胡必亮(2004)的研究认为受教育程度越高的人,关系网络会覆盖得越广,其中弱关系也会越多。对于受教育比较少的人群,例如对农民来讲,其关系网中更多的是夫妻、家庭、亲戚组成的强关系。

(六)教育与劳动力流动

个体的受教育程度影响个人收入,从而影响个体在劳动力市场上的行为决策。群体的受教育程度影响当地经济结构的发展,从而影响当地劳动力的收入。教育与个体的劳动力迁移决策也互相影响。王美艳和 Emily Hannum(2006)对中国民族地区 1990 年以来教育状况的分析表明,从 1990 年到 2005 年,各民族人口的教育都得到了发展。其中,除满族外,少数民族文盲率高于汉族;除了满族和回族外,少数民族受过高中及以上教育人口比例低于汉族。少数民族人口中,未受过初中教育的人口比例远高于汉族。不论是少数民族还是汉族,与城镇地区相比,乡村地区初中教育的缺失更加严重。少数民族与汉族7～16 岁儿童的在校率都在提高,在校率差距不断缩小。在城镇地区,少数民族与汉族在校率相差很少,但在乡村地区仍然存在一些差距。以教育为代表的人力资本对农村地区的发展的影响,不同的学者得出不同的结论。有的认为丰富的人力资本可以促进当地的经济增长,也有研究指出人力资本和经济发展并不相关,有反作用的研究结果。李克强和林建等(2004)认为,劳动力的受教育水平和人力资本附加工资是线性相关的。高文书(2006)认为,农民工的教育水平和工作经历都对农民工的小时工资有影响。谢童伟和吴方卫(2010)指出,在 1990 年到 2008 年这段时间,农民家庭的工资性收入和其他收入的贡献额度不断增大,家庭经营性收入的贡献额度逐渐减少。并认为农业劳动力的教育水平,取代了资金和劳动力的投入,成为影响农民收入的最重要因素,而且表现出滞后的效应。Borjas、Bronars 和 Trejo(1992)、Hunt(1987)、Chiquiar 和 Hanson(2005)等认为教育程度较高者倾向于外出劳动,而且比教育程度较低者获得更多收入。周晓和朱农(2003)使用 1989～1995 年的 29 个省份的宏观数据得出人力资本的投入对中国农村经济增长具有非常大的促进作用,尤其是对沿海发达地区的影响更显著。Samuel Bowles(1970)对美国南部的流动工的研究发现,教育与收入情况成正相关,与年龄成反相关。Wang(2016)估计 1978～1999 年间,资本、劳动力、人力资本和生产率的贡献率分别为 48%、14%、13%和 23%,资本增加对经济增长的贡献远高于劳动力增加对经济增长的贡献，因为资本产出弹性大于劳动产出弹性，并且 1980～2004 年资本存量年均增长 8%，劳动力由于受到“三个人的活五个人干”这种隐性失业问题逐步显性化的影响，年均仅增长 2%。将人力资本，即劳动力的素质要素从劳动力中分列出来，也会影响劳动力对经济增长的贡献。赵耀辉(1997)的研究发现，基础教育对农民外出有显著的推动作用。与没有受过正规教育的人相比，初中文化程度的人外出就业比例高 11%，高中文化程度的人高 21%。根据 2006 年中国农业统计年鉴的计算，全国农民家庭的劳动力的平均文化程度初中占 52.2% ，西部地区此项指标为 41.5%，这恰好从基础教育的角度解释了在工资性收入方面，教育在不同地区发挥的作用机制也有显著区别。西部和东部地区这种差距形成的主要原因可从三个方面深入剖析。第一，西部地区普及九年制义务教育水平低于全国，2000 年全国平均小学毕业生升学率为 94.9%(这是接受初中教育层次的关键)，西部除内蒙古自治区为 96.1%外，其他 11 个省区都低于全国平均水平，其中贵州为 78%，西藏为 55%，差距较大。第二，经费投入不足，很多地区办学条件较差。国家教育发展研究中心对西部学校抽样调查显示，22.3%的学校存在教学危房现象，37.8%的学校课桌椅残缺不全，32.5%的学校购置教具资金不足。经费投入不足也直接导致西部农村基础教育师资力量差，即教师数量不足、师生比例高；结构不合理，缺乏语、数以外的其他课程专任教师；教师队伍整体素质不高，代课教师大部分没有接受过正规师范教育，大多为高中毕业学生或高中未毕业学生。据《中国教育报》载，全国 50%的代课教师主要分布在西部地区，占西部教师总数的 9.5%。从代课教师的城乡分布看，76%的代课教师在农村，占农村教师的 11.4%。第三，少数民族教育和女性教育落后。西部地区少数民族居住地多在山区、半山区，居住分散，面临办学、师资、双语教学等诸多困难。青海、西藏等以少数民族为主的地区，农村初中文化人口比例分别为 28.5%和 3.55%，不但低于全国水平，也远远低于西部其他地区。女性教育落后在西部农村也比较突出，全国 15 岁及以上人口中女性文盲比重为 16.5%，西部农村地区这个数值为 24.9%。

不论是国际之间的迁移者，还是国内的迁移者，其迁移的行为与很多因素有关。除了上述讨论过的收入差距、经济结构、社会资本、教育等因素外，劳动者的迁移行为与农业耕地、社会文化认可、语言等各种因素相关。西方经济社会学家对美国的欧洲移民和移民文化以及流入地的主流文化的比较探讨发现,在移民群体或转移劳动力群体中有两种文化取向。文化同化论认为移民认同当地的文化并且愿意学习吸收,而文化多元论则是将其背景文化融入当地文化中,以塑造新的多元化的社会和经济秩序。Qiang Zhang(2012)研究了中国的转移劳动力文化缺失现象,他认为转移劳动力的文化缺失现象既有宏观的社会因素,也有劳动者本身的因素。如政府缺乏对外来劳动力聚居区的管理,以及劳动者本人较低的教育水平和经济收入影响他们融入当地生活。劳动力的流动不仅与教育和技能有关,还与流动的成本有关(Borjas,1987;Chiswick,2000)。Jennifer Hunt(2004)认为,劳动者如果效力于相同的雇主,只是工作的地方发生变化,则迁移的成本低于换一个新的雇主,不过这种现象比较适合于研究大型连锁企业的内部流动。Ineke Crezee(2012)通过滚雪球的研究方法调查了在新西兰工作的荷兰籍劳动者,她的研究发现,使用并融入当地的语言环境有利于劳动者的工作稳定。同时,外界的语言环境会对不会说当地语言的外来者产生压力,促使新移民积极学习当地语言以便融入当地社会。Sow Hup Chan(2011)对福建石狮外来劳动力的调查发现,外来劳动者普遍对工作满意,并且没有孤独感,单身并且工龄不长的劳动力倾向于较频繁地更换工作,但是工作满意度加强了他们对工作的忠诚感,换工作的频率也因此下降。Li Sun(2011)将中国政府对流动劳动力的政策分为两种。第一种是针对流动工人子女教育、住房等的政策;还有是关于找工作或者工资等问题的政策,主要是政府对流动工人提供的职业技能培训机会、工资保护制度、工伤补偿制度、返乡农民工创业扶持政策等。但是笔者认为这些政策的落实性很差,可能是由于在政策的制定者和受惠者之间出现断裂。流动劳动力的健康卫生状况也逐渐纳入研究者的视野。Lin Li 关注了四川地区男性农民工中 HIV 感染情况,他的研究结论认为,政府和社会应该加强对这一群体感染 HIV 病毒的关心和支持。Kinglun Ngok(2010)认为,随着中国流动人口的增多,中国政府需进一步加强对流动人口健康卫生方面的政策保护。YuanYang 通过对深圳地区的外来工人的研究,认为应该出台更符合流动工人需求的养老保险政策，如果只是简单地将流动员工群体纳入城镇保险计划，则会降低流动工人在城镇地区的就业率。

大部分研究认为收入是农村劳动力流动的一个最主要的因素，但是在相关讨论中，要注意还有其他几个因素也很关键。第一是流动劳动力失业时间的长短。很多外地流动劳动力转移到城市，并不能马上找到合适的工作，那么在到达城市和找到工作的这段时间，流动劳动力需要付出时间成本和其他的经济成本，以及外来劳动力找到工作的平均时间是不是比本地劳动力时间长。第二是流动劳动力在城市地区获得工作的概率。Banerjee 等(2009)根据对印度德里的劳动力研究，认为劳动力在流入地找到工作的概率与流动劳动力是否在流动之前就已经找到城市地区的工作有关。根据他的估计，在离开原始居住地之前能找到城市地区工作的概率，与劳动者的受教育水平、年龄、对非体力劳动工作的需求等相关。如果用托达罗模型解释，那么转移到城市以后再找工作的劳动力大多是年轻人、教育水平不高的劳动力以及体力劳动者。Banerjee 还发现了一个现象，在农村有耕地的劳动力，其在转移之前就找到好工作的概率很低。这说明土地是劳动力的一种保险，拥有土地的劳动力转移需要承担更多的风险。第三是从非正规就业部门向正规就业部门的流动机会。Fields(1975)对托达罗模型的拓展研究表明，非正规就业部门的劳动力习惯于搜寻正规就业部门的就业机会，但是目前对中国流动劳动力的研究很少关注这个方面。Cole 和 Sanders(1985)对墨西哥移民的研究发现，大部分墨西哥城的移民受教育程度较低，所以他们推断这些低教育层次的劳动力没有能力转移到正规就业部门，由此他们认为农村向城市的移民速度和现代城市就业部门增加之间存在正向的间接相关。其中的逻辑在于正规部门的发展刺激了对产品和服务的需求，并刺激了非正规部门的发展，从而导致农村向城市移民的增加。Santiago 和 Thorbecke(1988)研究了波多黎各的部门工资和就业率的面板数据，他们的研究结论认为正规部门的扩大会导致非正规部门的工资和就业率的下降。Banerjee(1984b)在他关于德里的男性流动劳动力的研究报告中指出，在调查进行之前，只有 24％的非正规就业部门的劳动力和 6％的没有工资的工人找到了正规部门的工作。对于那些在德里待得时间长一点的劳动力来说,这个比例稍微高一点。在德里待了5年的劳动力中,29%的劳动力在正规就业部门找到了工作;如果待2年,这个比例则下降到10%。在男性劳动力中,从非正规就业部门转移到正规就业部门的比例不可忽视,虽然这个比例可能受到回流或离开劳动力的影响而虚高。第四是正规就业部门和非正规就业部门之间的收入差距。Fields在拓展的托达罗模型中假设,正规部门的工资比非正规部门的高,这就使在非正规就业部门工作的劳动力积极寻求正规就业部门的工作机会。两个对曼谷(Chiswick,1977;Teilhet Waldorf,Waldorf,1983)和对吉隆坡(Blau,1986)的研究给出了不同的结论,这些研究认为非正规就业部门的工资要高于正规就业部门,最起码对从事非技术职业的劳动力成立。但是这个结论中有三个问题。第一,对非正规就业部门的自我雇佣者收入的定义。Blau(1986)提出自我雇佣者的资本收入很难获取,而且他们的收入是纯收入还是存在资本附加值很难确定。第二个问题是样本的选择性偏差问题,Blau(1985)提出对马来西亚城市地区的研究,对工资收入和自我雇佣收入的研究中就没有很好地区分流动劳动力内部的区别。第三个问题是如何定义非正规就业部门。Blau(1986)和Waldorf(1983)的研究都把自我雇佣者定义为非正规就业,尽管自我雇佣的群体中包括很多技术人员。

现有的对劳动力的相关实证研究缺乏重复性的实证结果支持。比如在上文中提到的一些实证研究,如劳动力在城市的平均失业时间的界定,大部分农村劳动力是否在来到城市之前就可以找到工作?所有的非正规部门的劳动力是否都会转移到正规就业部门?所以只能说托达罗模型或扩展的哈里斯—托达罗模型最重要的思想是,选择城市地区的就业岗位是为了获取城市地区更好的就业机会。如果建立一个很简单的流动模型,只考虑两个同质性的要素—劳动力和资金。在规模报酬不变的情况下生产一个农村产品和一个城市产品,劳动力在不同部门间是不能自由流动的。在这个小型开放的经济中,商品的价格由世界市场决定。当地的劳动力市场是竞争性的,但是城市的最初工资比农村地区的原始工资要高。在劳动力市场信息完全的情况下,流动的劳动力认为在城市可以获得更高的收入。在这些条件下,从农村转移出来的劳动力以及向城市部门源源不断提供的劳动力被认为可以降低城镇和农村之间的工资差距。转移劳动力和固守在农村的劳动力都是赢家。在以上的模型和研究中，相应的假设非常重要。举例来说，如果农村部门生产了一个以上的产品，Johnson(1967)认为，在上面那些假设中，从长期来看，由外出劳动力带来的人力资本禀赋的变化使实际工资并不会发生变化。当劳动力离开时，农村部门就会改变原有的劳动力密集型生产方式，相应的变化也发生在城镇地区，所有这些变化使转移劳动力减少工资差距的愿望消失，或至少是降低了。在一个部门只有一个产品的模型中，才能考虑劳动力异质性的意义。假设技术成熟的劳动力转移到城镇地区，技术不熟练的转移劳动力的工资是上升还是下降，取决于技术熟练的转移劳动力和技术不熟练的转移劳动力是互补的还是替代的。

劳动力的工资收入只是所有收入的一部分。在一个商品、两种要素的情况下，劳动力的离开降低了特定部门资本的收益率。在三要素模型中，这种直接影响没有那么明显，资本收益率还是部分依赖于流动劳动力的技能(McCulloch 和 Yellen，1977)。流动劳动力可能会带走一些资本，但离开后也会在农村地区进行资本的投入(Berry 和 Soligo，1969)。研究指出，有外出劳动力的家庭确实更倾向于进行资本的投入，比如对风险更高的新技术的投资。即使外出劳动力没有往家里汇款，但这种未来资本投入的倾向还是存在的(斯塔克，1980)。外流劳动力的资本回报率和资本规模要视情况而定，同样的在外出劳动力和农村地区的劳动力之间也存在汇款的流动，两方在需要的时候都可以从汇款中受益。这些研究表明，流动劳动力对留守劳动力和城市劳动力平均收入的直接影响是模糊的。流动劳动力和平均收入的实证分析一般分为三类：流动劳动力的工资性收入的增加；流动劳动力对流出地和流入地的平均工资的影响；一般均衡的 CGE 模型的使用。从目前已有的相关研究可以看出，流动劳动力流动之前的收入信息只能通过面板数据获得，或者是通过劳动者自己回忆的办法获取数据。这类数据的缺乏，使得估计流动劳动力流动之前的收入情况非常困难。目前在关于发展中国家的文献中，有四种比较重要的方法。第一种方法是估计农村留守劳动力和流动劳动力的收入方程，然后测试流动劳动力这个虚拟变量是否有正效应。Yap(1976)的研究认为巴西东北部农村地区的流动劳动力的平均收入增加了51%,这些人来到巴西的城市地区还不到四年。如果是在城镇地区生活了更久的流动劳动力,他们的平均工资增加得就更多了。Yap的研究还指出,农村到农村的流动劳动力的平均工资并没有发生明显的变化,这说明流动劳动力和留守劳动力、城镇地区和乡村的教育回报率和预测系数是可以区分的。但是流动劳动力虚拟变量可能与没有观察到的变量相关,而这些没有观察到的变量可以进一步更好地区分流动劳动力和留守劳动力。第二种方法为了检验地域变量,为不同的地点估计了不同的工资方程。Falaris(1987)的研究讨论了流动决策的微观预测。总结来说,Falaris在对委内瑞拉做的17个工资方程中找到了6个有正面效果的方程,这6个州的劳动力的收入较高。Pessino(1991)更进一步地研究了这个问题,她关于秘鲁的研究数据中既包括劳动力现在的居住地信息,还包括过去的居住地信息。在流动劳动力和留守劳动力的工资方程中,Pessino纳入了不同的变量,包括农村地区和城镇地区,也为考察流动劳动力的群体状态进行了样本调整。在对农村留守劳动力的研究中他发现了重要的负向结果,农村留守劳动力比相同素质的外出劳动力挣得少。第三种是使用非跟踪面板数据。Vijverberg(1989)发现劳动力在转移之前可以观察到的工资,比工资方程中预测的高。相反,农村留守劳动力的观察到的工资,比在工资方程中的预期工资低,所以Vijverberg认为存在一个正向选择的过程。比起只在工资方程中包括一个简单的流动劳动力虚假变量,后两种方法考虑了流动劳动力具有不同特征时,以及存在没有被测量到的效应时工资的变化范围。

使用这四种方法讨论中国目前的流动劳动力问题也存在很多困难,比如在前文中讨论的,对发展中国家的农村地区和城市非正规就业部门劳动力的收入的衡量是比较困难的。同样的困难也存在于对生活成本的测量和比较。当然还存在其他的样本中的问题,比如只有被认为有收入的劳动力才会被纳入研究中,那么就会存在样本的偏差性问题。这说明目前对劳动力流动的相关研究中,存在一些数据或样本方面的问题;而这些问题的存在,又会影响研究结果。

一些研究指出跨区域内部流动的劳动力的平均工资、期望工资对流出地和流入地收入的影响,这些研究大多采用时间序列数据,结果也不太一致。Greenwood(1981)使用墨西哥1960～1970年的数据建立了区域内流动的结构模型,并在研究中使用三步最小二乘法。在收入变化的方程中,流入劳动力的变化速度对收入有统计上显著的正作用,但是流出劳动力则没有这种作用。Greenwood认为流动劳动力的正向作用可以归于劳动力总量对产品的强劲需求,而正是这种产品主导着不断上升的劳动力供给的效应,但数据没有对这种假设进行验证。Garcia和Ferrer(1980)对西班牙国内流动劳动力的研究也指出了相似的结果,尽管在这个研究中因变量是收入的变化,而且流出劳动力被认为能够极大地降低收入的增加。Salvatore(1980)对意大利1952～1976年的南方向北方流动的劳动力估计了一个结构模型。在这个模型中,流动劳动力的增加有利于降低地区间的失业率差距,失业率下降有助于地区间工资差距的缩小。Lucas(1987)估计了一个1946～1978年的南非区域间的流动劳动力模型,认为去往南非煤矿的劳动力显著地增加了莫桑比克的收入水平。

这些研究依旧存在数据方面的问题。假设有一个工资极高的人离开了,那么平均工资有可能下降。随着流动行为的发生,获取平均工资的人群都在不断发生变化。这是否会高估或低估留守劳动力的工资的变化,取决于流动劳动力拿到的工资是高于还是低于原始工资。在不同的家庭收入集合的基础上,空间CGE模型可以模拟流动劳动力的一般均衡效应,但会受到模型结构本身一定的影响。Becker等(1986)在不考虑流动劳动力的情况下,做了一个印度农村和城市的收入差距的模型。该研究认为失业率为零时,城市和农村就业人口的人均收入差距是固定的。Adelman和Robison(1979)在关于韩国的模型中也假设了失业率为零的情况,但是他们允许工资差别是变化的。在Adelman和Robison的研究中,流动劳动力对降低城乡收入差别起到主要的作用,因为流动劳动力改变了以农业为主的生产和交易方式。相应的,农业产品价格的上升有以下假设:(1)进口食品不能完全替代国内食品;(2)食品出口的下降与农业劳动力的离开并存。

关于农村向城市的流动劳动力的大量相关研究指出,劳动力的离开造成了农村地区的贫困,并且加重了农村地区内部的收入不平等现象,即流动劳动力现象加重了不平等的速度并且从长远上促进了这种不平等。另一方面，Adelman 和 Robison(1979)对韩国的研究认为农村—城市流动劳动力是农村地区最重要的平等加速器。所以在这个问题上，很多研究都持不同的观点。其中一个重要的影响因素是流动劳动力来源于什么地方？从农村研究以及计量研究中可以发现，劳动力流动的倾向性和收入之间的关系是不断变化的。从另一方面来说，Adelman 和 Robison 假设流动劳动力在农村地区没有耕地，或者来源于只拥有少量土地的家庭，那些拥有中上收入的农业家庭成员根本不会有外出就业的动力。第二个重要的条件是对流动主体的讨论。流动决策通常与农村地区最强壮的、最能干的以及最有能力的年轻人有密切的关系，并且流动决策还存在短期和长期的影响，很多研究也指出年轻人和高学历的人外出的倾向更高。如果考虑到那些没有观察到的要素和劳动力，这种说法是否正确还有待考证。第三个重要的因素是汇款的影响。Lipton(1980)在大量的农村相关研究的基础上指出，(1)从城镇到乡村的汇款是非常少的；(2)富裕的农村家庭能更好地教育孩子，然后这些孩子外出工作并寄回汇款的概率更高；(3)富裕的农村家庭能负担更远距离的流动，远距离的流动通常具有较高的回报；(4)来自富裕家庭的孩子更喜欢保持和老家的联系并且汇款的倾向更高。斯塔克等(1986，1988)继续研究了 Lipton 的观点，他们发明了一种方法可以测量汇款对收入分配基尼系数的影响，并且在墨西哥的两个村庄进行实证调查，总体的研究结果表明汇款可以影响村庄内部的不平等。但是在国内流动和国际流动中，这种效应是不同的。关于墨西哥内部劳动力流动的研究发现汇款增加了基尼数据，这主要是由于内部流动劳动力的收入与教育回报率相关，并且该村庄的人口有长期移民美国的历史，从美国寄来的汇款是长期存在的。在另一个村庄，很少发生国际性的流动行为，所以从美国寄来的汇款加重了村庄内部的不平等。换种说法就是，当越来越多的家庭有国内或国际性的流动行为，那么来自流动劳动力的汇款有可能提高或降低农村内部的平等。斯塔克等人的研究强调了汇款对农村收入不平等影响的复杂性。如果考虑到一个家庭的生产性质、家庭资产的情况时，农村—城市流动劳动力对农村不平等的影响就变得更为复杂。

在劳动力市场中，流动劳动力对工作机会有各种不同的反应，对就业机会相关的研究整理主要基于三大问题:(1)城市就业机会和城市人口对流动劳动力工作机会有什么样的影响?(2)什么是好的就业机会?虽然很多文献使用工资变量,但是在某些实际调查中或者二手数据中,很难正确测量工资变量,有时候根据研究者的喜好不同,测量的口径也会有很大的差别。(3)在估计流动劳动力的决策方程的时候,变量中应该包括就业概率以及收入等因素。Hoselitz(1953)的研究发现,不管是在发达国家还是发展中国家,城市工业就业率的增加对城市人口的增加的影响非常小。Williamson(1988)也支持城市化与工业化之间应该有一定程度的脱离。Preston(1979)的研究认为,1950年到1970年,发展中国家的工业就业人口/城市人口的比率并没有下降。Berry和Sabot(1984)使用20世纪60年代的世界银行的数据发现,在发展中国家,尽管城市工业就业发展非常缓慢,但是城市人口增长却很快。Becker(1986)的研究发现,不仅仅印度的工厂手工业部门就业增长比城市人口增加慢,在整个20世纪70年代,印度主要城市的就业率增长都非常缓慢,但是同时期城市人口增加却非常快。Morrison(1988)的研究发现,在撒哈拉以南非洲地区,城市人口增加的速度远远快于手工业就业率的增长。但是,在对这个区域的城市人口增加和城市现代工业部门就业率的回归分析中,Becker和Morrison发现了两者之间微弱的正相关关系。越来越多的城市人口受雇于城市非正规就业部门,很多文献使用CGE模型测量影响劳动力就业选择的共生性因素和其他外生性因素。比如假设在随机选择的地点i,行为个体a的就业决策反应为u,则$\mu_i^a=\mu(W^a,C^a,A^a,\varepsilon^a)$。式中,$W^a$是$a$在不同地点可以获得的工资,$C^a$是在不同地点流动所可能产生的成本,$A^a$是$a$的一些个人特征因素,$\varepsilon^a$是随机项。根据使用宏观数据和微观数据的不同,有两个主要的模型。使用宏观数据的经典模型可以写作$m_{ji}=m(w_i,w_j,d_{ji},A_j,\xi)$,其中,$m_{ji}$代表从$j$地区流向$i$地区的人口比例,$w_i$、$w_j$分别代表$i$地区和$j$地区的平均工资,$d_{ji}$代表$j$地区和$i$地区之间的距离,$A_j$代表$j$地区的人口特征,$\xi$是随机项。在典型的宏观流动劳动力方程中,现在的工资一般被贴现为未来的工资预期。地理距离一般被视作交通成本的代理变量,并假定随着交通成本、流动的心理成本、信息获取成本的不同而不同。宏观劳动力流动方程在研究发展中国家时被使用,其中很多方程是多重回归，在同一个流入地的情况下，有多个流入地作为解释变量。其中有些模型为了避免偏差而对收入进行修正。很多研究发现目的地的收入和流动意愿正相关，流出地的收入和两地距离与流动意愿负相关。在最近几年的文献中，使用样本调查数据和宏观流动决策模型的研究越来越多。在这些研究中，因变量大部分是虚拟变量，是为了区分原始居民和流入者。在这种预测模型中，最困难的是如何衡量不同地区的收入水平。对留下来的劳动力来说，没有办法衡量他们在其他地方可能获得的收入水平；对流动者来说，流动行为发生之前的收入一般很难统计，或者他们曾经拒绝过的工作机会的收入水平，这些都很难衡量。宏观预测模型一般使用每个地区的平均工资来解决上述问题。很多微观模型试图建立不同地区的收入方程，或者给出不同特质的劳动力的平均工资水平。使用微观模型时要注意三个问题：第一，对于在收入方程或者流动方程中出现的个人特征因素，需要对他们进行严格的区分；第二，对收入函数的无偏估计需要对样本进行调整，因为在样本中不是每一个被调查者都有收入。这一般需要对收入进行概率预测，然后在收入函数中添加一个逆米尔斯比率。第三，对流动劳动力样本的选择都存在统计上的影响。流动者与没有被调查的本地居住者，可能存在很多方面的不同。比如，流动劳动力可能更具有创业精神，更具有冒险精神，或者更聪明等。总的来说，就是流动劳动力和本地居民在很多层面存在不同。对这些问题的讨论最综合性的是 Falaris 在 1987 年提出的观点，他提出一个针对委内瑞拉研究的嵌套 Logit 模型，其中地区性的数据包括各州的数据。在做收入预测方程时，这种嵌套方法允许对每个地区或每个州的数据做相关性分析，并且计算收入方程和每个个体随机效用方程误差之间的相关性。Falaris 发现在 17 个州中，有 6 个州之间有显著的相关性，意味着这 6 个州的居民在 6 个州内部流动的话，可以比随机选取的劳动者获得更高的收入。当使用嵌套 Logit 模型后，以地区分组的州之间存在很多难以观察到的相似性。总的来说，结构方程的最重要的结论就是收入和距离对流动决策是两个非常重要的因素，一般收入是正相关，距离是负相关。大部分劳动力流动的决策模型不会考虑失业率这个变量。Falaris (1979)对秘鲁的地区内部的流动劳动力研究发现，在二阶段最小二乘法模型中，流出地和流入地的就业率对劳动力的流动没有显著的影响。但是Greenwood(1978)对墨西哥内部的劳动力流动研究发现，在三阶段最小二乘法模型中，增长的就业率能同时促进劳动力的流入和流出，但是失业率的下降只能促进劳动力的流入。Schultz(1982)对委内瑞拉初中以下教育水平的男性劳动力的调查发现，流动劳动力不仅受到就业率的影响，还受到收入差距的影响。但是 Schultz 发现对教育程度比较高的男性劳动力，就业率的劳动力流动弹性大于收入差距的劳动力流动弹性。Barnum 和 Sabot(1977)对坦桑尼亚的研究发现，不管城市工资是否达到流动劳动力的预期收入水平，城市的就业机会始终处于优先的地位。Salvatore(1980)对意大利的研究发现，流出地和流入地失业率水平的不同会影响从南部到北部的劳动力流动。Banerjee 和 Kanbur(1981)在城市失业率和就业率的基础上计算了城市风险系数，研究发现，印度城市的失业率与劳动力流动负相关。Lucas(1985)在博茨瓦纳微观数据的基础上，考虑了流出地和流入地的收入及就业率等各项因素，建立了多项 Logit 模型。首先微观数据模型只包括了收入这个要素，预测方程用来估计不同就业地区的收入水平和就业机会。流出地和流入地的收入和就业机会也分别考虑到模型中去，而不是强制这几个因素同时进入收入预测方程。对四个流出地，分别建立了四个流动模型，结论表明家乡更高的收入水平和就业机会可能与城市相应的就业水平和收入水平相当。

三、剩余劳动力的算法

对流动劳动力的研究，基本上都要先证实在研究的目标区域是否还存在流动的劳动力。不同的学者对剩余劳动力的计算采用了不同的方法，这里主要总结几种常用的计算方法，按郭金兴(2008)的分类，目前估算剩余劳动的方法大致分为四类，即要素比例法、技术效率法、直接调研法和结构比较法。以计算西部地区剩余劳动力为例，要素比例法首先计算全国居民总收入水平。全国居民总收入 G 等于农民总收入 C 与城镇居民总收入 F 之和，即$G=C+F$。农民总收入C等于农民家庭人均纯收入A与农村总人口B的乘积，即$C=A\times B$；城镇居民总收入F等于城镇总人口D与城镇居民家庭人均可支配收入E的乘积，即$F=D\times E$。其次，计算全国劳动力平均收入水平。用全国居民总收入G除以全国劳动力总量H，就可以得到全国每个劳动力每年的平均收入水平I，即$I=G/H$。再次，计算西部地区农村必需劳动力数量。西部农民总纯收入Cw除以全国劳动力平均收入水平I，就得到西部地区真正需要的农村劳动力数量K，即$K=Cw/I$。最后是计算西部地区农村剩余劳动力。西部地区农村劳动力总量L与农村必需劳动力数量K之间的差额，就是西部农村剩余劳动力LS，即农村剩余劳动力数量$LS=L-S$。

结构比较法认为在二元经济结构中，农业部门与非农业部门之间存在着效率差异，假定提高农业部门劳动效率至某一特定水平，或者说求出整个经济系统资源达到最合理配置时所需要的农业劳动力数量，再与农业中实际存在的劳动力数量相比，多余的就是剩余劳动力数量。假设经济系统由农业部门和非农业部门组成，两部门都采用CD函数，农户拥有资本K和劳动L，则农业部门和非农业部门的产出分别为：

$$Q_1=A_1(t)K_1^{\alpha_1}L_1^{\beta_1}D^{\gamma}e^{\varphi d} \quad (1)$$

$$Q_2=A_2(t)K_2^{\alpha_2}L_2^{\beta_2} \quad (2)$$

其中，A_i表示农业部门和非农业部门全要素生产率；K_i、L_i分别表示投入的资金和劳动力；D为耕地面积；d为耕地灌溉率；α_i、β_i、γ_i、φ_i分别表示资本、劳动、耕地、耕地灌溉率的系数。劳动和资本的供给约束分别为：

$$L=L_1+L_2;K=K_1+K_2 \quad (3)$$

则农户从事第i个行业的纯收入为：

$$I_i=P_iQ_i-P_i^lL_i-P_i^kK_i \quad (i=1,2) \quad (4)$$

其中，$P_i^k=1+r_i$，r_i为利率。假设农户的资金和劳动得到合理配置就是所有行业的纯收入之和最大化，即：

$$\max I=\max\sum_i(I_i)=\max\sum_i(P_iQ_i-P_i^lL-P_i^kK_i) \quad (5)$$

则最优化的拉格朗日函数为：

$$\varphi=\sum_{i}\left[P_{i}Q_{i}-P_{i}^{l}L_{i}-P_{i}^{k}K_{i}+\lambda(L-\sum_{i}L_{i})+\eta(K-\sum_{i}K_{i})\right] \tag{6}$$

式(6)中的λ和η分别为劳动和资金的拉格朗日乘子，式(6)的最优解满足一阶条件：

$$\frac{\partial\Phi}{\partial L_{i}}=\frac{\partial I}{\partial L_{i}}-\lambda=P_{i}\frac{\partial\Phi_{i}}{\partial L_{i}}-P_{i}^{l}-\lambda=0 \tag{7}$$

$$\frac{\partial\Phi}{\partial K_{i}}=\frac{\partial I}{\partial L_{i}}-\eta=P_{i}\frac{\partial\Phi_{i}}{\partial K_{i}}-P_{i}^{k}-\eta=0 \tag{8}$$

假设生产函数Q_1、Q_2满足规模收益不变，即：

$$Q_{1}=L_{1}\frac{\partial Q_{1}}{\partial L_{1}}+K_{1}\frac{\partial Q_{1}}{\partial K_{1}}+D\frac{\partial Q_{1}}{\partial D} \tag{9}$$

$$Q_{2}=L_{2}\frac{\partial Q_{2}}{\partial L_{2}}+K_{2}\frac{\partial Q_{2}}{\partial K_{2}} \tag{10}$$

把式(9)和式(10)代入式(7)、式(8)，导出

$$\frac{I_{1}}{L_{1}}-\frac{K_{1}}{L_{1}}\eta-P_{1}\frac{D\partial Q_{1}}{L_{1}\partial D}=\lambda\ \frac{I_{2}}{L_{2}}-\frac{K_{2}}{L_{2}}\eta=\lambda \tag{11}$$

式(11)就是资金和劳动均衡配置下的必要条件。此外，聂华林和杨向飞(2011)使用国际标准比较法和生产资源配置优化方法对我国部分地区农业剩余劳动力数量进行了估算，两种方法估算的结果显示，西部地区2008年农业剩余劳动力数量分别为1 328万人和687万人，占西部劳动力总数的12.9%和6.7%，西部农业剩余劳动力数量较原先已大为减少。

国际标准法是钱纳里和赛尔昆在1975年出版的《发展的型式1950—1970》中提出的方法。钱纳里和赛尔昆选择了27个变量定义的10个基本过程来描述经济发展中结构转换的一般过程，通过运用统一的回归方程对100多个国家约两万个数据的处理，归纳出一国在不同国民收入阶段第一产业产值与就业所占的平均比重。国际标准法可参见表5.1。

表5.1　国际标准法

第一产业所占份额	人均生产总值								
	<100	100	200	300	400	500	800	1 000	>1 000
产值	0.552	0.452	0.327	0.266	0.228	0.202	0.156	0.138	0.127
就业	0.712	0.658	0.557	0.489	0.438	0.395	0.30	0.252	0.159

其中,用 r 表示劳动力剩余比例,则 r 可用下式表示:

$$r=\frac{L_1}{L}-\ r=\left(\frac{L_i}{L_t}-\frac{L_i}{L_s}\right)-\left(\frac{G_i}{G_t}-\frac{G_i}{G_s}\right)$$

其中,$\frac{L_i}{L_t}$和$\frac{G_i}{G_t}$分别代表实际的农业劳动力就业比重,实际的农业生产总值占地区总生产总值的比重。$\frac{L_i}{L_s}$和$\frac{G_i}{G_s}$分别代表一地区农业标准就业比重和一地区农业标准的产值比重。通过统计数据可获得 L_i,L ,G_i,G;在这些数据的基础上,用数值插入法分别计算$\frac{L_i}{L_s}$和$\frac{G_i}{G_s}$。假如 X 地区在 t 年份,实际人均生产总值为 364,实际就业比重为 0.35,实际农业生产总值占比为 0.36,则:

$$\frac{L_i}{L_s}=0.438+(0.35-0.438)\times(400-364)/(400-300)$$

$$\frac{G_i}{G_s}=0.228+(0.36-0.228)\times(400-364)/(400-300)$$

中国社会科学院的研究认为,农业劳动力需求量=农业增加值/(国内生产总值/社会劳动者人数)。中国西部地区被认为在劳动力转移过程中充当人口输出地域的角色。由于其特殊的地理位置,以及人口结构和经济发展方面的特征,对中国西部地区的劳动力流动情况的研究也越来越多。西部地区的劳动力流动是中国劳动力流动非常重要的一个部分,其分析的理论背景和实证方法离不开上述讨论过的国际和国内通行的关于劳动力流动的研究方法,但是在具体的流动表现形式和影响上,西部地区的劳动力市场又有其自身特殊的特点。总体来看,国内学者围绕我国西部地区转移问题的研究,主要从四个方面展开:第一是集中于研究劳动力转移特点和决策的影响因素;第二是集中于研究劳动力转移所涉及的诸多因素,如性别、年龄以及受教育程度等人口学特征;第三是考察劳动力转移对经济、社会、文化的影响;第四是对民族地区劳动力转移特殊性的研究。对于西部地区劳动力转移的地域特征,目前的文献认为主要存在三种方式:首先是向以乡镇企业为代表的当地非农产业转移;其次是流向省内其他城市;最后是流向其他省区。杨筠(2008)根据西部少数民族人口聚居地云南省和广西壮族自治区的傈僳族、景颇族、彝族和壮族等 12

个少数民族城市流动人口的调查，认为当前我国西部少数民族人口城市化的基本特征是非剩余劳动力大尺度异地城市化，据此提出我国西部少数民族地区"人口的城市化"应优先于"地域的城市化"。蔡昉（2000）、农业部课题组（2000）、王光栋和李余华（2004）等的研究认为，大部分转移的西部地区劳动力都在险、脏、难的非正规部门就业，转移的劳动力主要集中在建筑、工业、餐饮、旅游服务等低端服务领域或者劳动密集型职位，引发行业转移的不平衡性。王丽萍和张日新的研究发现，西部地区的转出劳动力大多来源于省内贫困地区，并且流向经济发达地区的劳动密集型产业。虽然柳建平和张永丽（2009）等学者认为这些转移出的劳动力有利于提高家庭生活水平，促进生产要素的流动和重组，减缓土地压力和恢复生态，但也有其他学者认为要注意西部地区的劳动力转移带来的人力资本和金融资本发展的不平衡，造成以农业为主要产业的西部农村地区出现农业产业空心化的现象。樊士德和姜德波（2011）的研究证明了劳动力的流出可能对农业产出带来负面影响。他通过建立科布道格拉斯总量生产函数计算劳动要素产出弹性，并计算劳动力流出地区的流出率。从外流规模来看，在所选考察期内，中部地区、西部地区、中西部地区和劳动力流出较多地区的年均劳动力流出率分别为 1.11％、0.79％、0.97％和 1.35％，导致四类区域的产出分别下降 4.16％、1.96％、2.77％和 8.65％。所以要充分认识到西部地区丰富劳动力的组成结构，主要包括城市尚未就业的下岗员工、农村的剩余劳动以及由高于全国平均水平的人口自然增长率而带来的过剩人口。

危丽和杨先斌（2005）、白云涛和甘小文（2006）使用静态博弈模型和动态博弈模型，分别研究以教育程度分组的农村劳动力转移的原因，研究认为西部农村劳动力转移的主要动因是经济收入因素，而中国不同区域经济发展的不平衡加速了区域间流动的速度。睢党臣等（2012）利用索罗模型发现，劳动收入份额主要受四个因素影响，分别是国民收入增长率、教育支出增长率、科学技术资金投入增长率和固定资本投入增长率。东部地区的劳动收入与教育投入和技术进步正相关，但是在西部地区这种相关性并不明显，说明西部地区的教育和生产技术水平远不及东部地区，这也部分解释了区域之间的发展差异。刘纯阳（2005）以湖南西部贫困县为实证研究对象，分析了人力资本对典型贫困地区农民收入的影响,结果表明人力资本投资有利于改善贫困地区农民个人及其家庭的收入状况,证明了人力资本理论的一般性分析结论具有广泛的适用性。在人力资本投资的几种主要形式中,教育和劳动力迁移对贫困地区农民收入产生几乎同等重要的作用。技术培训对于增加农户经营性收入有显著作用,对增加外出务工收入的效果不明显。毛圆圆和李白(2010)以柯布道格拉斯生产函数为基础,选用中国30个省、市、自治区1999～2008年的面板数据,建立多对数函数计量经济分析模型,选取个体固定效应模型实证分析农村交通基础设施投资对农民收入的影响。研究结果表明,中国农村交通基础设施投资对农民收入的贡献率在0.02～0.09,有着明显的正向促进作用,但这种带动性还没有充分体现出来。农村交通基础设施投资对农民收入的贡献率在区域之间存在差异,东、西部地区比较显著,中部地区不是很显著。据此,提出各个地区应充分利用政策契机,发挥农村交通基础设施投资所带来的优势交通条件,促进农村剩余劳动力向非农业生产领域的转移,从而增加农民收入。李聪等(2010)认为,西部贫困山区的迁移户与非迁移户的生计资本在数量上有显著差异。农户家中是否有成员迁移对家庭生计资本的水平有着显著的影响,但不同类型的生计资本受到迁移的影响程度各有不同。不同的迁移特征对农户家庭不同的生计资本影响也不相同。刘耀森和郎永建运用灰色关联理论,通过灰色关联分析发现第一产业收入、转移性收入、本地企业中劳动收入对农民收入有着至关重要的影响,提出增加西部地区农民收入需要通过发展现代农业和非农产业、大力发展劳务经济、加大对农村公共品的财政转移支付力度来共同完成。西部地区不仅剩余劳动力的流出量相对较少,而且大部分仅限于近距离和小范围内流动,阻碍了剩余劳动力流向劳动边际生产率更高的地区和行业。2002年11～12月,农业部调查了包括我国西部12个省区的劳动力外出就业情况,调查结果表明2002年西部外出劳动力的就业以省区内就业为主,且仅有的35%的跨省区流动人员也多在西部其他省区就业。西部农村流出剩余劳动力的易复归性、西部地区农民浓重的保守内敛和重土慎迁的恋土恋乡心理和独特的文化氛围虽是促使已流出的剩余劳动力复归的诱因,但关键因素还是西部农村劳动力自身文化水平和应变能力的相对低下，这使得西部地区较多的劳动人口在比照自身的人力资本状况与东部地区劳动力市场的激烈竞争状况下望而却步。也有研究认为，当农户家庭的人均生产性固定资产原值每增加 1 元时，其劳动力转移的发生比增加 0.005%。农户家庭劳动力的最高受教育程度每提高一个层次，其劳动力转移的发生比增加 7.8%。受过培训的劳动力家庭比没有受过培训的家庭劳动力转移的发生比高出 12.4%。家庭中 35 岁以下的劳动力每增加 1 人，劳动力转移的发生比增加 28%。家庭中 60 岁以上的老人数和在校学生数对劳动力转移决策有显著的负向影响。人均耕地面积每增加 1 亩，农户家庭的劳动力转移发生比降低 31.2%。家庭里的老人数每增加 1 人，劳动力转移发生比降低 24.8%。家庭里的在校学生数每增加 1 人，劳动力转移发生比降低 26.3%。

刘秀兰等(2010)认为西部民族地区农村居民收入绝对数比较低，西部民族省区城乡居民收入差距大于全国平均水平，并且东西部地区之间农村居民收入差距大。此外，西部少数民族地区农村居民内部收入差距也较大。大部分国内研究表明改革开放 30 年以来，我国经济能持续增长的重要原因之一就是西部农村剩余劳动力转移的资源再配置效应。潘文卿和张伟(2001)的研究表明，1979～1999 年间我国劳动力结构变化对经济增长的贡献是 13.8%。孔有利和王荣(2004)采用 Smith 的经济增长因素分析方法和 Syrquim 的总配置效应分析方法测算了劳动力流动对江苏省无锡市经济增长的影响，结论为1978～1990 年间，劳动力由农业向非农产业转移的结构变化和外来劳动力增长可以解释无锡市产出年均增长的 34.63%，而 1990 年以后外来劳动力对无锡市产出增长的贡献率有所下降，但总体来看，1978～2001 年间，外来劳动力不仅带来了无锡市劳动力总量的增长，而且引起了各部门就业结构的变化，进而促进了劳动生产率的提升，最终对当地产出增长的年均贡献率仍达 24.31%。还有学者基于新经济增长理论建立有效劳动模型，测算了北京市有效劳动要素对经济增长的经济效应，结论是 2001～2007 年间，外来劳动力对北京市经济增长的年均贡献率达 11.3%。劳动力流动增加了外流劳动力的现金收入，提升了他们的技能素质与生活适应能力，提高了农村耕地等稀缺资源的人均占有量，转变了欠发达地区农村居民封闭与传统的价值观（白南生和宋洪远，2002；柳建平和张永丽，2009）。进一步的研究认为，劳动力转移构成欠发达地区的“第二经济增长点”，即劳动力外流促进了欠发达地区人均地区生产总值的增长（卓勇良，2000；都阳和Albert Park，2007）。下面用古典算法、新古典模型、国际标准结构比较法等方法，以西部地区的劳动力数据为例计算剩余劳动力。

（一）古典算法测算剩余劳动力

假定农业部门生产函数为 $Y=F(T,K,D,A)$，其中，T 代表标准劳动工日数，K 代表资本投入，D 代表土地面积，A 代表技术水平。如农业产出最大化为 Y_0，则需要投入的年劳动工日为 $T=F^{-1}(Y_0,K,D,A)$ 。T 是所有农业劳动力 L 的劳动工日数，则每个劳动力的年均工日数为 $t=T/L$。t 为实际的工作负荷，标准工作负荷一般有大致接受的时间，工业部门的年标准工作日一般是 251 天，农业部门的合理工作负荷一般被认为是 270 个工作日。在标准农业部门工作负荷的基础上，可得农业部门的劳动力需求量 $L_0=T/270$，则农业部门劳动力需求量与供给量之比 $d=L_0/L=t/270$，农业部门的剩余劳动力比例为 $r=1-t/270$。则只需要知道劳动力实际的年均工作日，就可以算出劳动力剩余比例及其规模。

根据古典模型计算剩余劳动力的算法，本书计算出从 1991 年到 2010 年 20 年，西部 11 个省区的剩余劳动力。表 5.2 是用古典算法计算 2010 年西部省区剩余劳动力的具体算法，其他年份的计算过程由于受版面限制就不一一罗列，但表 5.3、表 5.4 给出其余 18 个年份的剩余劳动力数量和剩余劳动力比例。表 5.2 中，农业劳动力人均实际投入工时 $t=$（农林牧副渔从业人员数×270＋工业从业人数×251＋建筑业从业人员×251＋交通运输仓储及邮政业×330＋信息传输计算机软件业×251＋批发和零售业×330＋住宿和餐饮业×330＋其他行业×251）/乡村劳动力；剩余劳动力比例 $r=1-t/270$；剩余劳动力数量＝乡村人口×剩余劳动力比例 r。

在图 5.1 中，我们发现，陕西、甘肃、云南、贵州、广西、四川这 5 个省区的剩余劳动力在西部地区中是比较高的，其中以四川的数量为最多。四川省在 1997 年的剩余劳动力数量出现急剧下降，甚至出现－316 的现象，笔者

表 5.2　　古典模型:2010 年西部省区剩余劳动力计算

	乡村人口（万人）	乡村从业人员（万人）	农林牧副渔业（万人）	工业（万人）	建筑业（万人）	交通运输仓储及邮政业（万人）	信息传输计算机软件业（万人）	批发和零售业（万人）	住宿和餐饮业（万人）	其他行业（万人）	农业劳动力实际投入工时	剩余劳动力比例	剩余劳动力数量（万人）
陕西	2 766	1 460	872	122.7	146	53.7	7.6	56.2	43.1	158.3	186.1	0.31	660
甘肃	2 085	1 106	732	39.1	80	25.9	2.0	27.9	16.6	181.5	193.7	0.28	433
青海	374	195	120	12.3	24	7.0	0.3	7.5	8.7	15.2	184.9	0.31	91
宁夏	420	218	127	16.8	36	9.9	1.3	9.3	6.3	10.5	183.6	0.32	103
新疆	1 051	449	366	15.6	14	13.7	1.1	15.4	10.0	13.1	152.3	0.43	352
四川	6 964	3 936	2 148	359.8	406	81.0	14.0	143.3	89.5	694.3	197.1	0.27	1 443
云南	3 670	2 137	1 657	75.0	88	46.7	2.2	43.6	26.2	197.5	204.8	0.24	680
贵州	3 370	2 031	1 207	102.6	70	32.4	3.1	48.8	22.5	544.5	209.1	0.23	584
西藏	238	119	91	2.4	8	3.5	0.1	2.8	1.0	10.1	176.8	0.34	63
广西	4 169	2 341	1 546	302.2	139	52.0	5.3	78.7	42.6	173.7	197.1	0.27	865
内蒙古	1 310	703	528	32.0	48	12.9	2.1	26.2	16.5	36.2	186.0	0.31	319

认为这与 1997 年重庆建立直辖市有关。1997 年作为重庆单独列为直辖市的一年，在数据的统计上难免出现一些混乱的情况，但在这 20 年间，四川省是剩余劳动力大省。新疆和内蒙古的剩余劳动力数量在全部省区中居中，新疆的剩余劳动力数量徘徊在 200 万～300 万，并呈现极缓慢上升的状态。内蒙古的剩余劳动力数量在 2006 年之前出现缓慢下降的状态，但是 2009 年和 2010 年又呈上升状态。

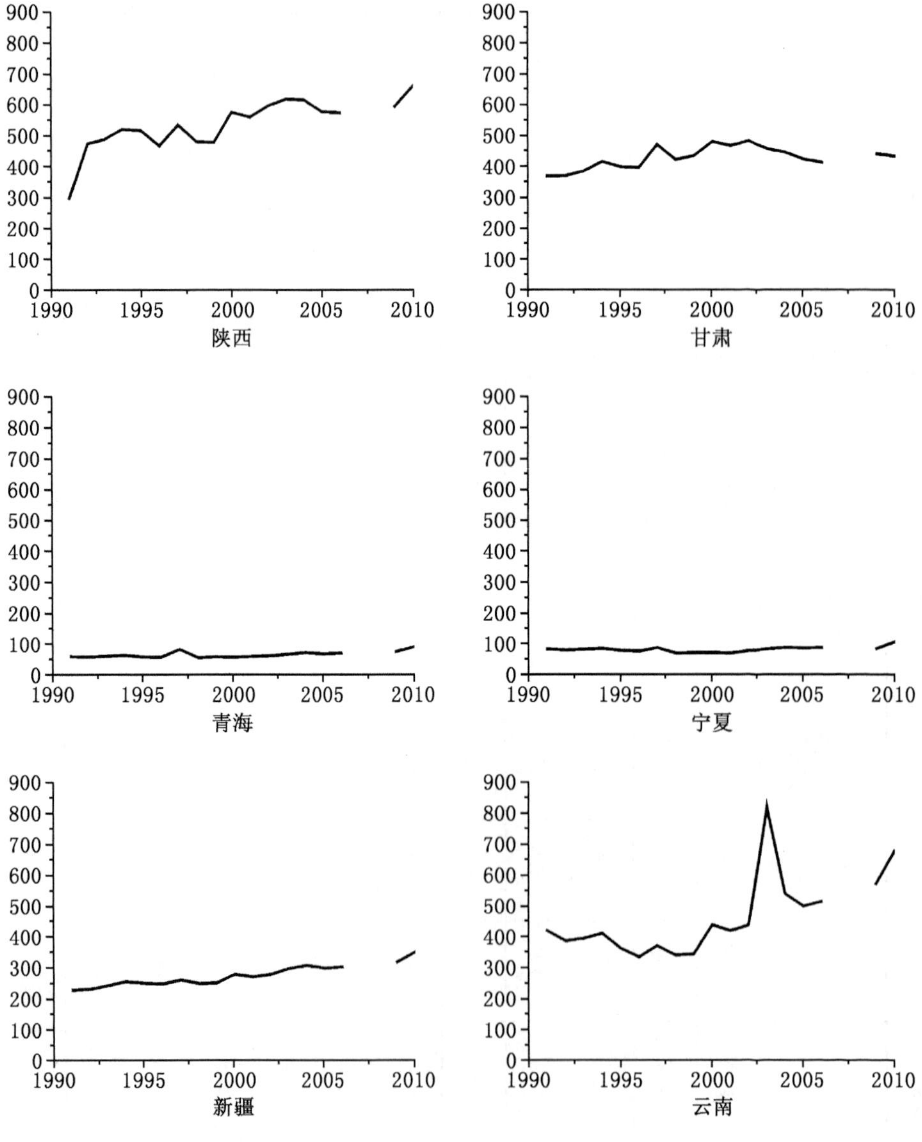

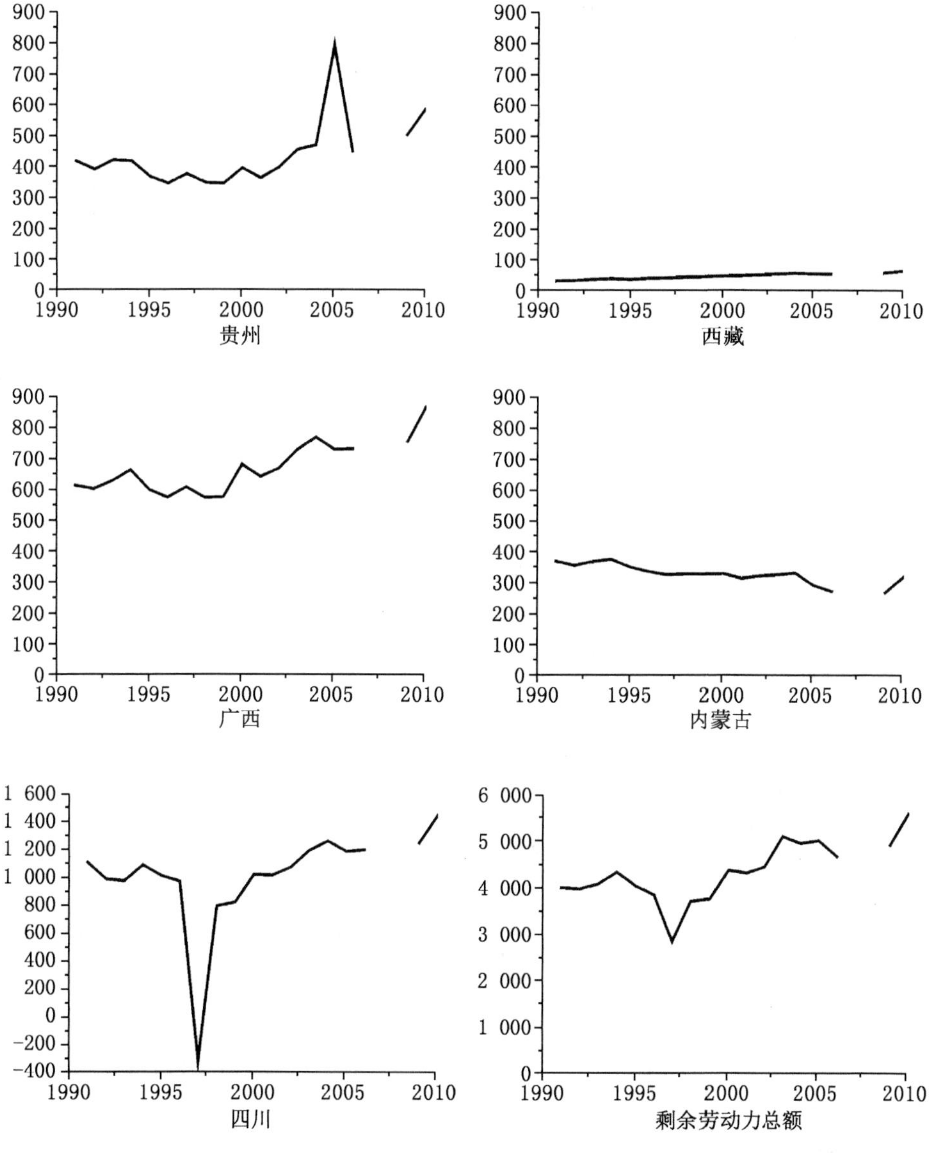

图 5.1　1991～2010 年各省区剩余劳动力变化曲线

如表 5.3 所示，青海、宁夏、西藏 3 个省区的剩余劳动力数量基本都在 100 万以下，在西部地区中属于剩余劳动力比较少的 3 个地区。但是对剩余劳动力的统计还应该考虑剩余劳动力比例 r，见表 5.4。

表 5.3　　1991～2010 年西部省区剩余劳动力数量　　单位：万人

年份	陕西	甘肃	青海	宁夏	新疆	四川	云南	贵州	西藏	广西	内蒙古
1991	298	369	59	82	230	1 108	422	416	31	612	369
1992	475	370	58	77	233	990	389	388	33	600	356
1993	488	385	61	81	245	977	396	419	36	626	368
1994	520	417	64	83	257	1 090	413	416	38	663	376
1995	516	400	59	77	252	1 016	365	365	36	598	352
1996	467	397	57	74	250	974	336	344	39	574	336
1997	535	472	83	85	262	−316	373	375	41	607	327
1998	481	423	56	69	250	797	342	347	43	572	329
1999	479	436	58	70	254	825	346	343	44	574	329
2000	576	481	57	70	280	1 024	440	393	47	680	330
2001	560	468	59	68	271	1 018	422	361	48	641	315
2002	597	483	62	75	281	1 075	439	395	51	667	323
2003	618	458	67	81	300	1 196	823	453	53	728	327
2004	616	446	72	86	309	1 261	543	467	57	768	333
2005	577	425	68	83	300	1 188	502	792	55	728	293
2006	575	414	70	85	305	1 200	517	448	53	730	273
2009	595	442	76	83	320	1 247	574	500	58	754	269
2010	660	433	91	103	352	1 443	680	584	63	865	319

表 5.4　　1991～2010 年西部省区剩余劳动力比例 *r* 值

年份	陕西	甘肃	青海	宁夏	新疆	四川	云南	贵州	西藏	广西	内蒙古
1991	0.173 2	0.311 2	0.301 4	0.367 2	0.440 3	0.185 2	0.204 2	0.229 0	0.253 3	0.257 6	0.407 6
1992	0.274 0	0.308 2	0.292 5	0.347 1	0.440 8	0.164 3	0.186 0	0.212 3	0.263 4	0.248 6	0.389 3
1993	0.275 5	0.313 2	0.296 8	0.350 9	0.451 0	0.159 8	0.185 4	0.220 3	0.280 0	0.253 4	0.396 6
1994	0.286 6	0.328 1	0.303 4	0.349 8	0.456 9	0.175 1	0.188 9	0.214 9	0.293 1	0.260 3	0.395 9
1995	0.282 9	0.316 7	0.280 2	0.327 9	0.451 5	0.165 6	0.168 3	0.190 9	0.283 4	0.237 0	0.377 8
1996	0.260 9	0.313 2	0.271 9	0.311 7	0.443 0	0.159 3	0.154 8	0.178 5	0.298 7	0.226 9	0.362 9
1997	0.287 0	0.348 6	0.344 0	0.333 6	0.449 6	−0.065 8	0.167 3	0.189 2	0.299 0	0.234 1	0.351 0
1998	0.264 0	0.320 9	0.255 6	0.278 6	0.426 4	0.173 5	0.153 5	0.174 7	0.305 0	0.220 4	0.352 0
1999	0.261 0	0.325 8	0.261 9	0.276 5	0.423 0	0.178 4	0.153 5	0.170 2	0.311 3	0.218 3	0.351 5
2000	0.302 8	0.344 7	0.247 5	0.265 5	0.448 2	0.213 7	0.187 0	0.185 9	0.317 9	0.247 2	0.347 2
2001	0.294 3	0.334 7	0.256 6	0.254 6	0.432 1	0.213 1	0.177 8	0.168 0	0.321 1	0.231 3	0.333 0

续表

年份	陕西	甘肃	青海	宁夏	新疆	四川	云南	贵州	西藏	广西	内蒙古
2002	0.309 3	0.340 4	0.263 3	0.271 7	0.432 7	0.223 0	0.182 1	0.179 5	0.336 9	0.237 5	0.338 1
2003	0.312 0	0.313 5	0.275 0	0.284 6	0.443 2	0.242 8	0.330 4	0.199 0	0.339 1	0.251 1	0.334 1
2004	0.306 5	0.299 4	0.283 9	0.289 8	0.444 7	0.252 9	0.213 3	0.201 1	0.354 6	0.258 9	0.338 2
2005	0.288 4	0.287 1	0.269 7	0.282 6	0.429 3	0.240 8	0.198 1	0.339 9	0.340 8	0.246 4	0.302 0
2006	0.286 0	0.277 4	0.273 6	0.284 6	0.427 3	0.241 3	0.201 1	0.189 9	0.329 1	0.244 6	0.282 3
2009	0.290 6	0.287 3	0.279 3	0.274 7	0.420 3	0.243 4	0.213 7	0.201 7	0.334 4	0.246 8	0.280 3
2010	0.310 7	0.282 5	0.315 3	0.320 1	0.435 9	0.270 0	0.241 4	0.225 7	0.345 1	0.270 2	0.311 2

新疆的剩余劳动力比例最高，基本每年都在40%以上，且比较平稳。内蒙古的剩余劳动力比例在2002年之前仅次于新疆，从2003年左右开始，西藏的剩余劳动力比例开始超过内蒙古，其比例维持在32%以上，在2009年之前，呈缓慢下降趋势，但是之后又继续上升。四川省虽然在前面的计算中，剩余劳动力数量是最多的，但是在1996年之前，其剩余劳动力比例是最低的。从1998年开始，也仅仅高于贵州和云南。大部分年份维持在30%以上比例的还有甘肃和西藏。贵州、云南、四川3省的变化波动最大。青海、陕西、广西、四川大部分年份维持在20%～30%。通过对比剩余劳动力数量和剩余劳动力比例，笔者发现，两个指标显示了不同的剩余人口特征。四川省剩余劳动力数量巨大，新疆、内蒙古的剩余劳动力数量虽然远远不及四川省，但是其剩余比例非常高。

（二）新古典模型测算剩余劳动力

新古典模型认为农业部门与非农业部门之间存在着效率差异，假定提高农业部门劳动效率至某一特定水平，或者说求出整个经济系统资源达到最合理配置时所需要的农业劳动力数量，再与农业中实际存在的劳动力数量相比，多余的就是剩余劳动力数量。该模型假设经济系统由农业部门和非农业部门组成，两部门都采用CD函数，农户拥有资本K和劳动L，则农业部门和非农业部门的产出分别为：

$$Q_1 = A_1(t)K_1^{\alpha_1}L_1^{\beta_1}D^{\gamma}e^{\varphi d}$$

$$Q_2 = A_2(t)K_2^{\alpha_2}L_2^{\beta_2}$$

其中，A_i 表示农业部门和非农业部门全要素生产率，K_i、L_i分别表示投入的资金和劳动力，D 为耕地面积，d 为耕地灌溉率，α_i、β_i、γ_i、φ_i分别是资本、劳动、耕地、耕地灌溉率的系数。劳动和资本的供给约束分别为：

$$L=L_1+L_2, K=K_1+K_2$$

则农户从事第 i 个行业的纯收入为：

$$I_i=P_iQ_i-P_i^lL_i-P_i^kK_i \quad (i=1,2)$$

其中，$P_i^k=1+r_i$，r_i为利率。假设农户的资金和劳动得到合理配置就是所有行业的纯收入之和最大化，即：

$$\max I=\max\sum_i(I_i)=\max\sum_i(P_iQ_i-P_i^lL-P_i^kK_i)$$

式(4)最优化的拉格朗日函数为：

$$\varphi=\sum_i\left[P_iQ_i-P_i^lL_i-P_i^kK_i+\lambda(L-\sum_i L_i)+\eta(K-\sum_i K_i)\right]$$

式(6)中的 λ 和 η 分别为劳动和资金的拉格朗日乘子，式(6)的最优解满足一阶条件：

$$\frac{\partial\Phi}{\partial L_i}=\frac{\partial I}{\partial L_i}-\lambda=P_i\frac{\partial\Phi_i}{\partial L_i}-P_i^l-\lambda=0$$

$$\frac{\partial\Phi}{\partial K_i}=\frac{\partial I}{\partial L_i}-\eta=P_i\frac{\partial\Phi_i}{\partial K_i}-P_i^k-\eta=0$$

假设生产函数 Q_1、Q_2满足规模收益不变，即：

$$Q_1=L_1\frac{\partial Q_1}{\partial L_1}+K_1\frac{\partial Q_1}{\partial K_1}+D\frac{\partial Q_1}{\partial D}$$

$$Q_2=L_2\frac{\partial Q_2}{\partial L_2}+K_2\frac{\partial Q_2}{\partial K_2}$$

把式(9)和式(10)代入式(7)、式(8)，导出

$$\frac{I_1}{L_1}-\frac{K_1}{L_1}\eta-P_1\frac{D\partial Q_1}{L_1\partial D}=\frac{I_2}{L_2}-\frac{K_2}{L_2}\eta=\lambda$$

$$P_i\frac{\partial Q_i}{\partial K_i}-P_i^k=\eta$$

已知 $Y_1=P_1Q_1$，则土地边际生产率$\frac{\partial Q_1}{\partial D_1}=r_1\frac{Q_1}{D_1}$，农业毛收入 $Y_1=P_1Q_1$，代入式(11)，推出：

$$\frac{I_1}{L_1}=\frac{I_2}{L_2}+r_1\frac{Y_1}{L_1}-\left(\frac{K_2}{L_2}-\frac{K_1}{L_1}\right)\eta$$

该式可以作为判断是否存在未得到合理配置的剩余劳动力的检验条件。

令：

$$h_1=1+r_1\frac{Y_1/L_1}{I_2/L_2}-\eta\left(\frac{K_2}{L_2}-\frac{K_1}{L_1}\right)\Big/\left(\frac{I_2}{L_2}\right)$$

$$h_2=\frac{I_1/L_1}{I_2/L_2}$$

王红玲等学者的研究指出，虽然在正规信贷市场中，农村资金受到限制，但是非正规资金市场不断扩大规模，虽然非正规市场的资金利率一般高于正规信贷市场，但是只要借贷人认为自己生产利润足够支付利息，接待人还是可以拿到资金。所以根据这个研究，将上式中的资金约束取消，设 $\eta=0$，则 $h_1=1+r_1\frac{Y_1/L_1}{I_2/L_2}$ 。其中，I_1 和 I_2 分别代表农民在农业和非农业部门的收入，L_1 和 L_2 分别代表农业和非农业部门的劳动力，Y_1 指农业部门的产出，r_1 指土地的产出弹性(农业部门的人均收入/非农业部门的人均收入)。当 $h_1=h_2$ 时，说明劳动力得到合理配置；当 $h_1\neq h_2$ 时，说明劳动力没有得到有效配置，经济中还存在剩余劳动力。

使用回归方程得出农业生产函数的土地弹性 $\mathrm{Ln}Y=\mathrm{Ln}A+a\mathrm{Ln}X_1+b\mathrm{Ln}X_2+c\mathrm{Ln}X_3+d\mathrm{Ln}X_4+\varepsilon$ 。其中，Y 为农业总产值(万元)，X_1 为农作物总播种面积，X_2 为农村劳动力，X_3 为化肥施用量，X_4 为农村固定资产投资额。根据岭回归得出每个省区的土地的生产弹性，如表 5.5 所示。

表 5.5　　各省区土地弹性

	陕西	甘肃	青海	宁夏	新疆	四川	云南	贵州	西藏	广西	内蒙古
土地弹性	−0.103	0.086	−0.019	0.219	0.205	−0.269	0.110	0.160	0.276	0.304	−0.010

同古典算法中一样，这里显示 2010 年西部省区剩余劳动力的具体算法，如表 5.6 所示：

表 5.6　　2010 年西部省区剩余劳动力计算

	第一产业产值 Y_1 (GDP)（万元）	农业部门劳动力 L_1（万人）	非农业部门的收入 I_2（万元）	非农业部门劳动力 L_2（万人）	土地的生产弹性 r	h_1	h_2	乡村劳动力（万人）	农业剩余劳动力比例	农业剩余劳动力数量（万人）
陕西	992 101	873	1 306 766	588	−0.103	0.94	0.84	2 124	−0.118 7	−252
甘肃	597 509	733	585 738	373	0.086	1.04	1.18	1 534	0.117 0	180
青海	135 043	120	142 473	75	−0.019	0.98	1.04	288	0.053 2	15
宁夏	158 827	128	204 833	91	0.219	1.12	1.07	323	−0.043 1	−14
新疆	1 076 619	366	83 089	84	0.205	1.60	3.67	807	0.562 9	455
四川	2 474 709	2 148	5 050 202	1 789	−0.269	0.89	0.80	5 346	−0.110 6	−591
云南	1 105 300	1 658	691 396	480	0.110	1.05	1.74	2 818	0.396 3	1 117
贵州	625 894	1 207	1 454 854	824	0.160	1.04	0.96	2 588	−0.083 4	−216
西藏	68 507	91	51 787	28	0.276	1.11	1.26	183	0.117 6	21
广西	1 674 724	1 547	1 614 815	794	0.304	1.16	1.23	3 201	0.058 9	188
内蒙古	1 097 168	528	324 881	175	−0.010	0.98	1.97	1 026	0.498 9	512

表 5.7　　西部省区剩余劳动力　　单位:万人

年份	陕西	甘肃	青海	宁夏	新疆	四川	云南	贵州	西藏	广西	内蒙古	合计
1991	1 347.8	895.74	133.90	161.58	372.28	4 716	1 596.98	1 412.6	99.43	1 893.7	794.54	13 424
1992	1 343.1	899.29	124.11	156.25	381.82	4 698	1 516.51	1 442.4	102.94	1 905.0	786.12	13 356
1993	1 299.6	910.10	167.79	147.45	414.75	4 406	1 421.44	1 451.2	101.88	1 915.3	784.83	13 020
1994	1 324.4	954.99	179.09	163.60	378.05	4 482	1 522.78	1 401.3	101.22	1 729.3	799.16	13 035
1995	1 274.1	986.16	182.36	146.73	358.08	4 335	1 510.61	1 382.4	96.34	1 704.3	780.65	12 757
1996	1 300.3	934.35	174.68	163.91	379.75	4 056	1 498.53	1 370.9	96.54	1 676.0	813.56	12 465
1997	1 068.9	945.32	200.06	170.71	417.19	3 203	1 593.94	1 449.8	100.98	1 751.2	821.85	11 723
1998	982.5	926.03	193.57	145.78	442.33	2 831	1 465.94	1 340.8	103.55	1 583.4	794.21	10 809
1999	818.1	826.24	177.31	126.85	437.96	2 439	1 558.09	1 275.3	108.44	1 537.4	765.67	10 070
2000	812.4	787.04	155.37	106.13	470.70	2 318	1 525.22	1 343.5	68.02	1 322.7	759.83	9 669
2001	650.3	684.51	141.04	105.41	482.68	2 237	1 482.93	1 237.6	88.29	1 146.5	746.15	9 003
2002	556.2	667.69	134.53	117.45	494.63	2 212	1 508.20	1 012.8	77.28	777.8	739.19	8 298
2003	420.1	680.19	124.99	87.67	498.87	2 142	1 494.44	869.1	50.45	557.9	740.46	7 666
2004	447.2	695.56	135.66	116.60	500.49	2 451	1 594.43	977.3	29.18	573.4	715.15	8 236
2005	415.1	599.56	107.70	95.77	486.90	2 139	1 615.58	776.6	18.80	683.6	640.24	7 579
2006	385.9	476.47	74.95	79.14	489.32	1 116	1 518.62	405.9	25.52	746.7	596.46	5 915
2007	169.9	508.39	50.05	63.12	471.90	1 113	1 533.72	372.4	37.78	708.1	565.78	5 595
2008	−140.4	303.42	26.40	30.63	443.33	661	1 399.80	253.4	29.60	542.6	538.34	4 088

续表

年份	陕西	甘肃	青海	宁夏	新疆	四川	云南	贵州	西藏	广西	内蒙古	合计
2009	−269.1	123.88	0.52	−4.55	451.09	−100	1 318.36	−5.9	16.05	259.3	479.34	2 268
2010	−252	179.53	15.30	−13.93	454.51	−591	1 116.78	−215.6	21.49	188.4	511.91	1 415

表 5.8　　　　西部省区剩余劳动力比例

年份	陕西	甘肃	青海	宁夏	新疆	四川	云南	贵州	西藏	广西	内蒙古
1991	0.784 4	0.754 6	0.687 2	0.726 1	0.714 1	0.788 6	0.772 7	0.778 2	0.817 6	0.796 6	0.876 8
1992	0.775 0	0.748 6	0.626 9	0.700 1	0.721 2	0.779 4	0.725 6	0.788 3	0.830 5	0.789 0	0.860 9
1993	0.733 9	0.739 6	0.819 4	0.640 4	0.764 1	0.720 2	0.665 1	0.764 0	0.799 8	0.775 1	0.845 4
1994	0.729 9	0.752 1	0.852 6	0.687 9	0.673 2	0.719 8	0.695 7	0.723 5	0.778 6	0.679 2	0.841 9
1995	0.698 0	0.781 3	0.872 4	0.625 5	0.641 5	0.706 6	0.697 4	0.722 3	0.752 8	0.675 4	0.838 6
1996	0.726 0	0.736 6	0.830 9	0.691 6	0.673 2	0.663 8	0.690 1	0.712 4	0.731 5	0.663 1	0.879 3
1997	0.573 3	0.698 2	0.826 7	0.671 4	0.716 8	0.667 9	0.715 1	0.731 4	0.740 5	0.675 0	0.882 5
1998	0.539 1	0.693 0	0.792 1	0.592 7	0.753 3	0.616 6	0.658 3	0.675 5	0.731 5	0.610 4	0.850 1
1999	0.446 0	0.617 7	0.711 0	0.504 3	0.730 5	0.527 3	0.690 5	0.632 2	0.763 6	0.584 1	0.818 3
2000	0.427 0	0.564 0	0.673 7	0.403 5	0.752 7	0.483 9	0.648 0	0.635 7	0.458 6	0.481 1	0.798 5
2001	0.341 6	0.489 9	0.609 2	0.394 6	0.768 5	0.468 8	0.625 0	0.576 1	0.592 4	0.414 0	0.787 9
2002	0.288 2	0.470 1	0.569 0	0.424 2	0.762 1	0.458 7	0.625 3	0.460 2	0.507 6	0.276 8	0.773 1
2003	0.212 1	0.465 7	0.510 9	0.306 4	0.737 5	0.434 9	0.600 2	0.381 4	0.321 3	0.192 4	0.757 5
2004	0.222 5	0.466 4	0.538 5	0.394 4	0.720 3	0.491 7	0.626 1	0.420 8	0.181 9	0.193 3	0.725 9

用新古典模型计算的西部农村地区剩余劳动力数量呈下降状态，但还是可以从数据中看出剩余劳动力的相对数量和绝对数量的差别。

(三)国际标准结构比较法测算剩余劳动力

国际标准法是钱纳里和赛尔昆在 1975 年出版的《发展的型式 1950—1970》中提出的方法。钱纳里和赛尔昆选择了 27 个变量定义的 10 个基本过程来描述经济发展中结构转换的一般过程，通过运用统一的回归方程对 100 多个国家和地区约两万个数据的处理，归纳出一国在不同国民收入阶段第一产业产值与就业所占的平均比重(聂华林、杨向飞，2011)。

表 5.9　　国际标准结构中农业部门的比重

第一产业所占份额	人均生产总值(以 1964 年美元计算)								
	<100	100	200	300	400	500	800	1 000	>1 000
产值	0.552	0.452	0.327	0.266	0.228	0.202	0.156	0.138	0.127
就业	0.712	0.658	0.557	0.489	0.438	0.395	0.3	0.252	0.159

用 r 表示劳动力剩余比例,则 r 可用下式表示:

$$r=\frac{L_1}{L}-\ r=\left(\frac{L_i}{L_t}-\frac{L_i}{L_s}\right)-\left(\frac{G_i}{G_t}-\frac{G_i}{G_s}\right)$$

其中,$\frac{L_i}{L_t}$和$\frac{G_i}{G_t}$分别代表实际的第一产业就业比重和实际的第一产业生产总值占地区总生产总值的比重。$\frac{L_i}{L_s}$和$\frac{G_i}{G_s}$分别代表一地区农业标准就业比重和一地区农业标准的产值比重。通过统计数据可获得 L_i,L,G_i,G;在这些数据的基础上,用数值插入法分别计算$\frac{L_i}{L_s}$和$\frac{G_i}{G_s}$。假如 X 地区在 t 年份,实际人均生产总值为 364,实际就业比重为 0.35,实际农业生产总值占比为 0.36,则:

$$\frac{L_i}{L_t}=0.438+(0.35-0.438)\times(400-364)/(400-300)$$

$$\frac{G_i}{G_s}=0.228+(0.36-0.228)\times(400-364)/(400-300)$$

先把当年的人均 GDP 换算成美元,然后再根据美元购买力把当年美元以 1964 年美元计价,得出每个剩余以 1964 年美元计价的人均 GDP。表 5.10 显示按国际标准结构比较法得出的 2010 年西部省区剩余劳动力,其余 19 个年份的剩余劳动力比例和剩余劳动力数量可以参见表 5.11、表 5.12。

表 5.10　　2010 年西部省区剩余劳动力计算

	人均生产总值人均 GDP(元)	美元现价汇率	当年 1 美元折算成 1964 年美元购买力($)	人均 GDP 1964 年美元计价	实际第一产业就业比重	实际第一产业产值比重	标准第一产业就业比重	标准第一产业产值比重	剩余劳动力比例	乡村劳动力(万人)	剩余劳动力(万人)
陕西	27 133	4 422.679	0.14	619.17	0.43	0.098	0.383	0.121	0.078	2 123.56	165.79

续表

	人均生产总值人均GDP（元）	美元现价汇率	当年1美元折算成1964年美元购买力（$）	人均GDP 1964年美元计价	实际第一产业就业比重	实际第一产业产值比重	标准第一产业就业比重	标准第一产业产值比重	剩余劳动力比例	乡村劳动力（万人）	剩余劳动力（万人）
甘肃	16 113	2 626.419	0.14	367.69	0.51	0.145	0.461	0.201	0.105	1 534.00	161.86
青海	24 115	3 930.745	0.14	550.30	0.41	0.100	0.399	0.109	0.029	287.70	8.47
宁夏	26 860	4 378.18	0.14	612.94	0.39	0.094	0.358	0.117	0.058	322.93	18.91
新疆	25 034	4 080.542	0.14	571.27	0.51	0.198	0.461	0.188	0.040	807.44	32.53
四川	21 182	3 452.666	0.14	483.37	0.42	0.144	0.400	0.192	0.076	5 345.95	408.38
云南	15 752	2 567.576	0.14	359.46	0.59	0.153	0.501	0.197	0.137	2 817.71	387.01
贵州	13 119	2 138.397	0.14	299.37	0.49	0.136	0.489	0.265	0.136	2 587.50	352.93
西藏	17 319	2 822.997	0.14	395.21	0.53	0.135	0.442	0.223	0.177	182.69	32.38
广西	20 219	3 295.697	0.14	461.39	0.53	0.175	0.448	0.191	0.101	3 200.66	325.11
内蒙古	47 347	7 717.561	0.14	1 080.45	0.48	0.094	0.417	0.100	0.071	1 026.00	73.05

表 5.11　　西部省区剩余劳动力比例

年份	陕西	甘肃	青海	宁夏	新疆	四川	云南	贵州	西藏	广西	内蒙古
1991	0.122	0.129	0.124	0.119	0.029	0.106	0.127	0.077	0.022	0.100	0.044
1992	0.145	0.146	0.148	0.144	0.121	0.121	0.155	0.098	0.026	0.114	0.057
1993	0.175	0.128	0.213	0.200	0.007	0.140	0.273	0.136	0.087	0.188	0.098
1994	0.198	0.132	0.000	0.206	0.020	0.150	0.310	0.124	0.107	0.221	−0.000
1995	0.208	0.170	0.015	0.019	0.024	0.003	0.001	0.130	0.153	0.010	−0.002
1996	0.018	0.152	0.034	0.037	0.040	0.019	0.064	0.145	0.160	0.024	−0.005
1997	0.030	0.179	0.045	0.049	0.058	0.029	0.076	0.155	0.216	0.022	0.004
1998	0.044	0.012	0.070	0.067	0.078	0.042	0.106	0.181	0.025	0.041	0.025
1999	0.066	0.026	0.094	0.089	0.114	0.052	0.117	0.220	0.060	0.051	0.054
2000	0.084	0.038	0.111	0.110	0.023	0.056	0.114	0.202	0.067	0.045	0.078
2001	0.120	0.051	0.153	0.145	0.049	0.074	0.136	0.212	0.122	0.065	0.012
2002	0.126	0.061	0.154	0.154	0.049	0.075	0.142	0.241	0.153	0.077	0.037
2003	0.165	0.096	0.006	0.024	0.077	0.086	0.183	0.004	0.182	0.095	0.114
2004	0.065	0.151	0.064	0.084	0.018	0.016	0.262	0.032	0.052	0.007	0.087
2005	0.109	0.173	0.092	0.096	0.053	0.029	0.012	0.051	0.074	0.032	0.050
2006	0.030	0.052	0.009	0.013	0.130	0.060	0.085	0.079	0.142	0.085	0.023
2007	0.095	0.094	0.062	0.081	0.023	0.009	0.142	0.093	0.184	0.008	0.103
2008	0.075	0.153	0.037	0.058	0.137	0.048	0.018	0.021	0.075	0.088	0.233
2009	0.021	0.024	0.103	0.013	0.124	0.020	0.071	0.079	0.140	0.131	0.258
2010	0.078	0.105	0.029	0.058	0.040	0.076	0.137	0.136	0.177	0.101	0.071

表 5.12　　西部省区剩余劳动力数量　　单位:万人

年份	陕西	甘肃	青海	宁夏	新疆	四川	云南	贵州	西藏	广西	内蒙古	合计
1991	210	153	24	26.6	15.6	639.2	264.1	140.5	2.7	238	40.5	1 755.1
1992	252	175	29	32.1	64.5	730.9	325.4	179.3	3.3	275	52.1	2 121.6
1993	311	158	43	46.1	4.2	860.3	584.1	259.5	11.2	466.5	91.7	2 837.2
1994	360	168	0.20	49.0	11.4	935.1	679.9	240.8	13.9	563.3	−0.2	3 022.1
1995	381	214	3.2	4.6	13.9	3.5	3.1	250.6	19.6	25.6	−2.1	917.7
1996	33	193	7.8	8.8	22.7	119.9	140.4	280.4	21.2	61.3	−4.9	884.6
1997	57	243	10.9	12.5	33.9	143.2	171.5	307.3	29.5	59.2	4.2	1 073.1
1998	81	16	17.1	16.6	45.9	196.7	238.2	359.4	3.6	107.6	23.9	1 107.9
1999	121	35	23.5	22.5	68.7	242.1	265.4	443.8	8.6	134.5	51.2	1 418.2
2000	160	53	25.7	29.1	14.5	271.8	268.8	428.5	10.1	124.7	74.8	1 462.5
2001	229	71	35.5	38.7	31.1	355.5	323.8	495.8	18.2	181.7	11.8	1 794.1
2002	244	86	36.5	42.7	32.2	361.8	342.8	530.4	23.3	217.9	35.4	1 954.8
2003	327	140	1.69	6.9	52.7	425.3	457.8	10.9	28.7	277.4	112.2	1 841.3
2004	130	225	16.3	25.0	12.8	83.6	669.7	75.8	8.3	23.4	86.4	1 358.1
2005	219	256	23.3	28.4	37.1	147.0	30.6	119.2	12.0	94.7	48.8	1 017.2
2006	60	79	2.3	4.0	92.7	298.6	220.5	187.8	23.1	254.7	23.1	1 246.8
2007	193	142.4	16.3	24.5	16.9	46.3	370.3	224.3	30.4	26.6	100.1	1 191.3
2008	154	233.4	9.9	17.7	102.3	244.9	48.6	52.8	12.7	267.6	225.1	1 369.4
2009	44	38.1	28.1	4.1	94.4	104.7	191.5	197.5	24.3	402.0	248.2	1 377.9
2010	165	161.8	8.4	18.9	32.5	408.3	387.1	352.9	32.3	325.1	73.1	1 966.4

第六章　农村劳动力的教育失配理论模型

一、对经典经济学的简单梳理

教育投资不同于其他的投资形式，是用于劳动力市场储备和提高现有劳动力职业素质的货币表现。教育不仅使个体受益，而且整个社会也通过劳动力素质的提高而受益，所以教育是现代社会经济发展的重要原动力和发展的基础，也是社会整体生产得到可持续发展的重要保障。教育与工作失配代表了教育投入与教育产出的不平衡，是人力资本错位配置现象。教育失配可能对劳动力在劳动力市场中的表现和期望、收入获取等多方面产生影响。本部分通过对现有文献的梳理，进一步厘清教育失配现象在国内外的发展路径，并从理论框架、研究方法等角度对现有的研究进行补充。本部分的研究先从经典经济学经典理论出发，分析了现有的理论在劳动力教育失配方面的研究进展。其次，从国内外实证文献比较的角度，梳理了现有实证文献中的研究方法和研究范式。再次，本部分研究格外强调了国内对教育收益率和教育失配的实证研究的特征。最后，对现有的文献进行了简要评述。

（一）人力资本理论

以古典经济学为基础的人力资本理论格外强调教育的生产功能，其中，政府、企业和劳动力个体都是教育发展的受益者。舒尔茨、贝克、卢卡斯等著名的经济学家都认可人力资本对经济发展的重要作用，并认为教育的内在利益和外溢利益共同促进社会生产力。将教育的收益分为内在利益和外溢利益，强调了社会生产发展中教育和经济增长之间的关系。此外，教育还通过提供科学知识形态劳动力的方式对社会发展做出贡献。明瑟在 1974 年提出的工资理论又使人力资本理论实现了实证研究的可能。在人力资本理论中，企业想最大限度地使用员工的生产力，所以员工的工资和个体的边际生产力相当，员工的生产力又由他们的教育背景和在职培训等要素决定。Sicherman(1991)则从人力资本中不同的要素出发，解释教育失配问题，比如比较人力资本中的教育年限和实际的工作经验。人力资本理论认为报酬的获取是基于劳动力的边际产品，而人力资本水平则是决定边际产品的重要因素。所以劳动力的教育过度是为了弥补其在劳动力市场中缺乏的工作经历，不同教育水平的人可以获得同样的人力资本，从而从事相同的工作。对于个体而言，过度教育者缺乏工作经验和岗位培训，加上学校教育质量的欠缺，所以过度教育仅仅是短期内的一个劳动力市场现象。随着劳动力工作经验的积累和岗位培训经历的增加，劳动力在劳动力市场上的竞争力增加，其教育失配情形会慢慢消失，劳动力会寻找更符合自己条件的更匹配的工作机会。随着劳动力人力资本的改善，其教育失配的状态最终会消失。

如图 6.1 所示，人力资本理论认为劳动力的受教育时间的长短会影响劳动力进入劳动力市场的时间。如果劳动力的学历较高，那么其进入劳动力市场的时间会晚于相似年龄但学历较低者，所以这类劳动力的个人收入曲线更为陡峭，因为学历高的人累积的人力资本较多，相应地获得的收入也会较多。在接受教育的阶段，劳动力的收入为负值，这体现了接受教育的成本。当接受完一定的教育年限后，劳动力进入劳动力市场，其工资必然超过低教育水平的劳动力。此时，收入超过低教育水平劳动力的位置，就是图 6.1 中的 B 点，即明瑟收入方程中的赶超点。

一些研究发现，拥有相同人力资本水平的工人，处于教育过度情形的劳动力的收入相对较少，由此对人力资本理论提出质疑。在教育与工作失配状态中，员工处于低效用的状态，工资率也低于边际生产率，尤其是一些企业（比如高科技企业）团队作业中需要各种技能异质性的员工，并且这类企

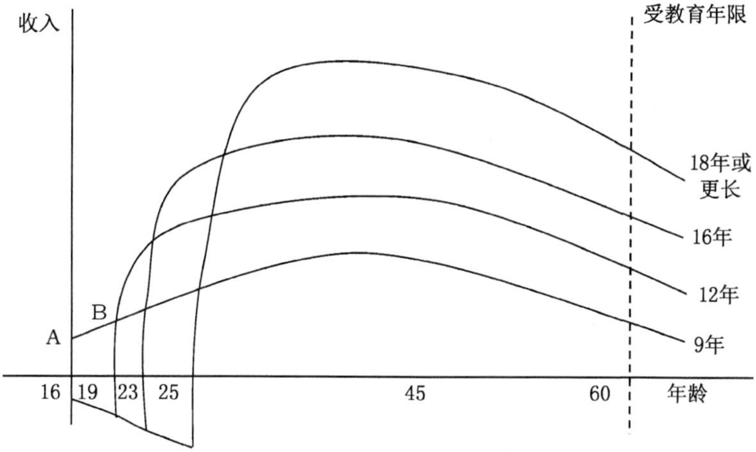

图 6.1　年龄、教育年限与收入

业不能随意改变生产计划和生产路径来适应处于不同教育匹配情形的员工，所以人力资本理论提出的企业可以调整生产策略这种说法并不可行。此外，企业科层制的运营模式进一步减慢了企业对员工教育失配的反应速度，所以当企业不能很快适应员工的生产节奏时，员工的收入基本取决于其工作性质和实际的工作内容。对人力资本的质疑还在于，处于教育过度情形的劳动力，其实际的工作能力可能确实要比教育适配的劳动力差一些，所以教育过度的劳动力在收入上的损失，反映了他们较差的工作能力。从实际工作能力出发的对人力资本的质疑，增加了教育失配研究的复杂性，强调了在实证研究中需要考虑人力资本相关要素和技能的异质性。

尽管在教育与工作失配的研究领域，存在上述对人力资本理论的质疑，但一些学者依旧认为教育与工作失配现象并不能削弱人力资本理论的解释力，因为人力资本理论认为教育与工作失配现象是短期现象，企业会调整自己的生产流程来应对处于教育失配的员工，或者员工在不断搜寻的过程中找到最适合自己的职位。从这个角度看，人力资本对短期的教育失配确实具有一定的解释力。但如果教育与工作失配是一个长期现象，人力资本理论对教育失配的解释力下降。以人力资本理论为基础的明瑟标准工资方程对教育失配提供了更进一步的解释，并且与新古典主义的研究框架一致。

但是明瑟收入方程以其单一化的考量人力资本的标准而被质疑。

（二）筛选理论

筛选理论认为在劳动力市场不完善的情况下，信息是不对称的，以正规教育背景（比如学历、文凭等直观性的教育特征）为代表的教育资本被作为个体能力和发展潜力的重要标志。所以，教育成为雇主挑选员工的重要信号，雇主通过教育这个重要标准选择自己认为生产率最高的员工。筛选理论强调教育的信号功能，而非生产功能。在不能事先完全了解求职者的实际生产能力，也看不到求职者能产生的边际效益的情况下，教育变成了雇主可以相对信任的信号，雇主通过教育这个标准，在候选者里选出自己认为较高生产率和较低生产率的人，并依据这个标准，雇主对候选的劳动力进行职位分配。

筛选理论认为教育系统在入学和毕业时对学生的考核机制是相对严格的，所以雇主把教育作为劳动力的智力和能力方面的重要参考指标，并且认为教育程度越高，劳动力的价值就越高。于是企业为了生产高质量产品以及实现产出的高效益，一般更愿意雇用具有较高学历的求职者。在雇主的这种筛选标准下，求职者为了获得较好的岗位，会不顾劳动力市场的实际需求，盲目地提高受教育水平，以尽可能展示强的教育信号来迎合雇主需要，这样无限制发展的结果就是教育的筛选功能刺激了人们对教育的过度投资，并在一定程度上加大了过度教育的概率。

在图 6.2 中，w 是工资，$C(e)$是教育成本，且 $C'(e)>0$。劳动力个体的总收益可以表示为 $w-C(e)$。劳动力市场中的雇主认为存在一个教育水平 e^*，如果劳动力的教育程度 $e<e^*$，则该劳动力属于生产率较低的人，假设其生产率为 1，那么工资也为 1，因为工资由生产率决定。如果劳动力的 $e>e^*$，则属于高生产率的人，其劳动力生产率为 2，工资也为 2。雇主为工人支付的工资只有 1 和 2 两种，两类工人的教育成本分别是 $C(e)=a_He$ 和 $C(e)=a_Le$，$a_H>0$，$a_L>0$，$a_H<a_L$。此时，劳动力市场中存在低生产率的人的教育水平为 0，高生产率的人的教育水平为 e^*，并且图 6.2 是一种分离均衡的状态，不同的群体拥有不同的生产力，从而有自己的最优选择，雇主只要让

e^* 略大于 1 的标准，就可以区分拥有不同教育水平和生产率的群体。更高的 e^* 对第一类群体没有影响，但会降低高生产率群体的收益。也就是说，e^* 越接近 2，就越无效率，劳动力是教育过度的。

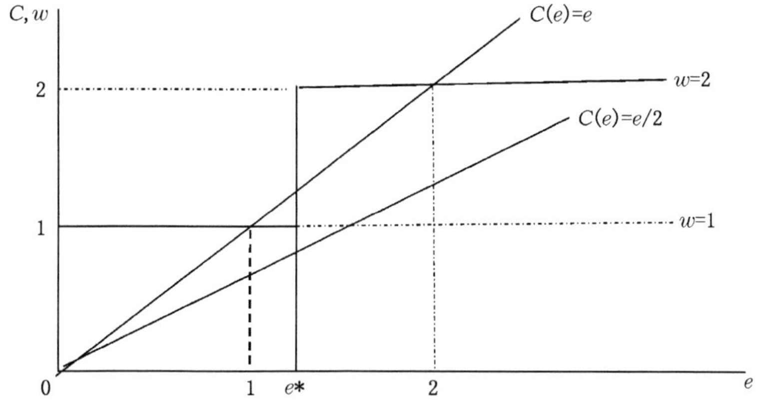

图 6.2　教育的信号功能：分离均衡

在对劳动力教育失配的解释上，人力资本理论和筛选理论都承认教育和收入之间具有正向关系，并且认为较高的教育水平可以给劳动力带来较高的经济收入，但两者对教育失配的解释还是有所区别。首先，两者对教育与生产之间的关系的解释不同。人力资本理论认为，教育能促进劳动力的生产能力，从而促进劳动力的生产率，所以教育和生产有直接关系，间接认可教育具有生产要素的性质。但是筛选理论认为，教育和生产率之间没有直接关系，教育只是代表劳动力能力的一个指标和工具，其主要作用在于帮助雇主筛选候选的劳动力。只有劳动力开始工作以后，雇员才能看到劳动力真实的生产率。也就是说，通过教育的筛选过程让雇员和劳动力的生产率之间产生关系。其次，人力资本理论和筛选理论对教育政策的态度不同。人力资本理论认为，教育和培训等投入造成劳动力之间的差别，并且拥有较高人力资本投资的劳动力获得较高的收入，促进社会的良性循环，所以应该实施扩张性的教育政策。但筛选理论认为，通过教育或文凭来筛选劳动力，虽然这种方法具有一定的信息价值，但是造成了社会资源的浪费，并且整个社会仅仅因为教育的信号工作而热衷于投资教育，却耗费了大量的社会资源，所以筛选理论提倡消极的教育政策。再次，人力资本理论和筛选理论对何种群体热衷于过度的教育投资的解释不同。人力资本理论认为，全社会任何生产率的劳动力都会热衷于教育投资，因为人力资本投资收益率高于物力资本投资收益率。而筛选理论认为，个人内在的劳动生产率与改变自身受教育状况所需付出的信号成本是负相关的，接受更多的教育必然需要付出更高的成本，同时劳动生产率高的个体改变自身受教育状况的信号成本较低。对此类群体来讲，如果工资结构是合理的，并且投资更高教育的收益大于成本，才会做出进一步的教育投资决策，所以只有本身劳动生产率高的人才会热衷于投资教育。对于低劳动生产率的个体而言，在对接受过同一教育级别的劳动者所付工资相同的条件下，对进一步投资教育要付出更高的成本，并且成本可能大于收益，从而其理性地选择不进一步对教育进行追加投资。

(三)职业竞争理论

以 Thurow(1975)为代表的职业竞争模型从求职者的角度解释教育失配问题，强调个体在劳动力市场中相对位置的重要性。职业竞争理论认为在市场出清机制下工作竞争和工资竞争在劳动力市场中可以同时存在。职业竞争理论中最核心的观点在于，工作场所中的大部分工作技能都是源于在职培训，而不是传统的教育。劳动力市场并不是一个出售现有技能的出价市场，而是一个对现有劳动力进行职业培训的培训市场。如何给不同的劳动力分配不同的培训机会和培训内容，取决于劳动力处于市场中的哪个工作行列，因为每个工作行列中的培训机制和培训机会都不相同。一旦劳动力处于工作行列中的顶端，那么他们的工资先验地都由工作性质决定。所以工作的生产效率是本来就存在的，而并不是由劳动力的个体特征决定的。职业竞争理论认为劳动力市场中有两个主要的行列，其中一个是工作行列，另一个是由劳动力组成的求职者行列。工作行列中的每一个工作或空缺职位都有对劳动力的工作技能、生产率和工作等各方面的要求。劳动力市场中寻求工作的劳动力组成求职者行列，并且根据自己的学历、性别、年龄、工作经验等个体特征，在求职者行列中处于不同的相对位置。并且所有的这些特征，都是一种信号，可以从侧面反映求职者完成某项特定的工作或接受专业技能培训时所花的成本。在劳动力市场中，求职者按照其教育水平和其他的个人特征，被分配到不同的工作中。雇主认为劳动力在求职者行列中的位置越靠前，其需要的培训成本越低，这表明在求职者行列中位置越靠前的求职者获得较好工作的概率越高。所以，劳动力为了在求职者行列中取得靠前的位置，会大力投资于教育这一最能体现自身优势的特质，希望增加的额外投入能比其他竞争者获得更好的岗位。长此以往，过度教育在所难免。由于工作的分配依赖于求职者和工作岗位的数量，因此，劳动力的教育水平和工作所需要的教育水平之间会出现不平衡，劳动力实际的教育背景和工作技能可能远远超出工作所需的标准，而雇主则可能不会或不愿意充分使用员工的教育和技能。

在一个劳动力市场中，如果周围劳动力加大自己的教育投资，那么该劳动力如何做出下一步的教育投资决策在不同的理论体系下就有不同的解释。在人力资本理论的框架下，该劳动力投资教育的意愿不高，因为劳动力的供给增加了，收入会相应地下降。但是在职业竞争理论的框架下，该劳动力愿意继续投资教育，因为教育是劳动力市场上的一个防御机制，教育可以保护劳动力在工作行列中的位置。劳动力市场中教育投资的劳动力越多，劳动力个体教育投资的意愿就越强。所以从这个角度来说，职业竞争理论可以较好地解释过度教育投资行为以及引发的教育失配现象。Spence (1973)的筛选理论中，个体的投资存在上限，这是由教育的收益和成本决定的。但是在职业竞争理论中，教育投资上限的影响因素很难界定。不管怎样，职业竞争理论在一定程度上解释了教育失配现象。职业竞争理论对解释教育失配的一个重要的理论意义在于，劳动力获得的工资完全由工作所需的教育水平决定，劳动力超过工作所需的教育程度的回报率为零。由此来看，过度教育现象是人们对优质工作岗位竞争的结果，职业竞争理论则从教育和收入之间关系复杂化的角度解释了教育失配。比如员工的教育与工作所需匹配，且得到充分利用，劳动力就会得到更高的工资。如果劳动力的教育水平和工作所需的教育水平不匹配，那么劳动力的教育并没有得到充分利用，与同样教育水平但出于教育适配的劳动力相比，教育过度的劳动力得到的工资可能更低。

(四)分配理论

分配理论认为市场中的工作机会是分配给劳动力的,分配过程和分配结果取决于劳动力个体特征的不同、工作技术需求的不同等。分配理论认为工资收入方程并不是劳动力个体特征和收入的直接相关方程,而是基于分配理论的一种解决方案的均衡表现。分配理论与职业竞争理论最大的不同在于,工作分配并不仅仅是随机的,工作的选择为劳动力个体的特征和收入之间的平衡提供了一个缓冲的空间。在工作中占有优势位置的劳动力,可以获得更高的工资,而仅仅具有某些特征的劳动力则比较被动。因为在某些行业中,工作并不是随机分布的,而是基于某种利益最大化的原则进行的。分配理论的核心思想在于,为了更好地解释工资分配机制,最好同时考虑个体的特征和工作的特征。劳动力个体的边际生产率和工资在一定程度上同时取决于个体和工作的特征,这也否定了人力资本的观点。针对 20 世纪中期大多数发展中国家在经济快速发展过程中出现的大量知识失业现象,以拉菲尔·艾里查理(1980)为代表的经济学家提出依附理论。该理论以发展中国家作为主要研究背景,认为发展中国家的所谓现代化进程实际上是一个将发展中国家纳入以西方发达国家为主导的“中心—边陲”经济体系的依附化过程。根据对宏观机制的分析认为,非独立地依附于发达国家并且对发达国家的教育体制的盲目崇拜,容易造成不适应本国实际需求的教育发展路径。除了依附理论,Frank(1978)还从空间约束的角度解释教育与工作失配。他的研究基于性别隔离市场中的双职工家庭,理论上丈夫可以在全球范围内寻找工作,而妻子的择业范围则限定在某一个地区空间中,从而妻子面临较高的教育失配风险。

还有一部分研究从静态的教育收益和教育成本的角度研究教育失配。如图 6.3 所示,劳动力市场上的工资决定于劳动力供给的数量,尤其是劳动力的教育水平,社会收益与私人收益之间的差表示教育的正外部性。所以边际收益曲线是向右下方倾斜的。接受教育的人越多,教育的机会成本就越高,边际私人成本曲线向右上方倾斜。边际私人成本与边际社会成本之间的差表明在一个不收学费的教育体制下，教育的公共补贴的程度。边际私人成本和边际私人收益确定的 Q_2 是教育过度的劳动力的情形。如果所有的教育直接成本由劳动力自己支付，那么边际社会成本和边际私人成本两条线会重合，此时，Q_1 代表处于教育不足的劳动力，由边际私人收益和边际社会成本所确定。对于整个社会体系，最合适的受教育人数应该是由边际社会收益和边际社会成本所确定的人数 Q，因此，EF 是政府对教育的补贴，FG 是个体需要承担的学费，GQ 是劳动力自己需要支付的学费以外的教育成本。

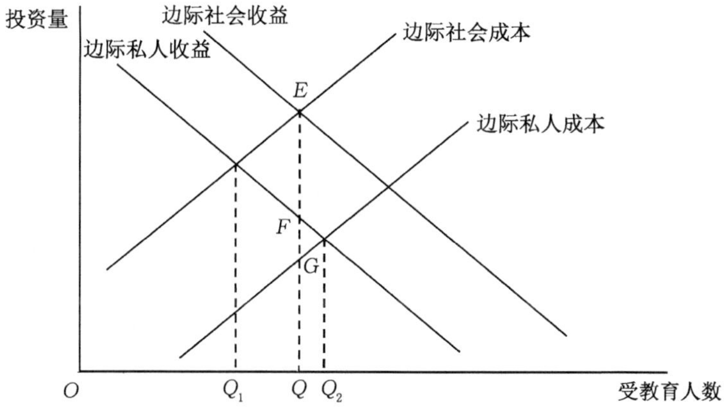

图 6.3　教育过度与教育不足

Psacharopoulos 和 Woodhall（1985）、Bishop（1995）从时间滞后和蛛网模型的角度，解释劳动力市场对于某一个教育水平劳动力供需的变化。在图 6.4 中，劳动力市场对某类教育程度劳动力的需求变化导致工资上升，工资水平从开始的 W 上升到 W'，由于劳动力市场对劳动力供需变化需要一定的反应时间，所以不能对工资变化立刻做出反应，这时出现劳动力的过剩，即 $Q'Q''$。劳动力过剩又会使劳动力市场中的工资下降，尔后劳动力开始出现短缺现象。劳动力和工资动态变化的过程会反复发生，最终达到 E 点，此时，劳动力市场的工资和劳动力数量分别达到均衡水平时的 W^* 和 Q^*，由此达到一个均衡的状态。

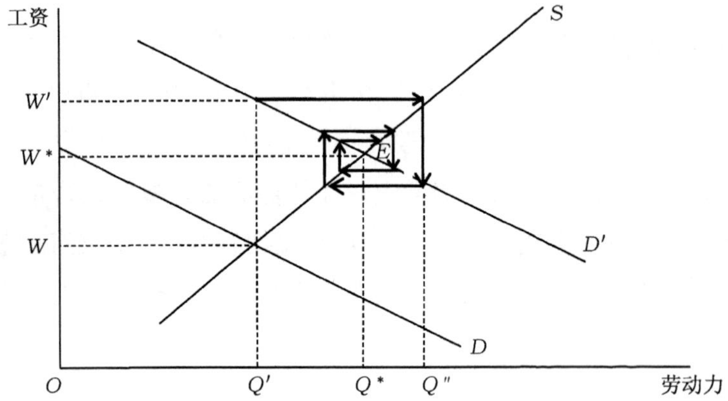

图 6.4 蛛网模型:教育失配的比较静态分析

二、理论模型的建立

理论框架对教育失配的解释力度,依赖于具体的数据、研究方法和研究对象。现有的大部分实证研究都以教育年限考量劳动力的教育背景,在具体的分析中分为劳动力的实际受教育年限、教育过度的年限和教育不足的年限,并且在现有的研究中,一个比较一致的观点是过度教育年限的回报是正的,但是低于工作所需教育的教育回报,这样的研究结果对人力资本理论的观点形成挑战,即劳动力处于不同的教育匹配情形时,其教育收益率是不一样的。但实证研究的结果认为,在以下几种情形中,人力资本理论对教育失配情形具有一定的解释力。首先,教育过度劳动力的非正规教育背景较差时,这类劳动力对就业单位真实的贡献通过较低的教育回报率反映出来。其次,教育失配劳动力真实的工作能力低于教育适配的劳动力。有一些实证研究的结果表明,分配理论对教育失配的解释强于人力资本理论(Hartog 和 Oosterbeek, 1988; Alba-Ramirez, 1993; Groot, 1996; Kiker 等, 1997; Sloane 等,1999)。Hartog 和 Oosterbeek(1988)对德国女性劳动力教育失配的研究认为,分配理论的解释力强于职业竞争理论,但弱于人力资本理论。

他们发现女性劳动力供给相比男性劳动力供给，总是表现出更高的工资弹性，这可以解释女性劳动力的教育过度年限获得的教育回报率较低。人力资本理论认为，劳动力个体的教育失配是其职业生涯中的暂时性阶段，是劳动力市场不完全所带来的短期现象（Sicherman，1991；Harry，1997）。但Rubb 等（2003）在数据分析中发现很多员工的教育失配不仅不会在短期内消失，反而会持续很长时间。并且在教育失配的过程中，跳槽并不能改善教育失配情形，大部分教育失配的劳动力从一个教育失配的工作中换到另一个教育失配的工作中（McGuinness，2003）。Dolton 和 Siles（2003）认为，如果大学毕业生的第一份工作是教育失配的，那他们在未来很长的时间内很大概率也处于教育失配的情形。筛选理论认为，在劳动市场不完善的情况下，求职者会不断地提高教育层次，以获得更好的就业岗位。如果教育与工作失配现象是临时性现象，那么这种短暂的不平衡是厂商对生产过程进行调整的结果，以使员工充分发挥其人力资本，或者工人找到教育适配的工作，因此，教育失配带有必然性和长期性（Alba-Ramirez，1993）。

定义“工作所需受教育年限”时，基于样本统计特征按照平均值加减一个标准差或众数方法得到了广泛采用，在新近文献中尤其如此。这种趋势性特征的相关学术背景主要是：其一，采用哪一种方法定义“工作所需受教育年限”，就不同情形下的教育收益率的估算结果而言，并不具有明显差异。其二，在相关研究中要获得令人满意的样本成本高昂，以至于很多情形下转而采用并不是专门针对教育与工作失配问题研究的样本，以至于只得采用实际匹配法定义“工作所需受教育年限”。关于正规教育背景和其他人力资本是否可以互相替代，这类研究主要分为两派：一派认为两者具有替代性（Groot，1993），这一派认为教育失配劳动力的主要问题在于其工作经历和职业培训经历较差，不能对正规教育背景形成替代效应（Duncan 和 Hoffman，1981；Sicherman，1991；Sloane 等，1996；Kiker 等，1997；Daly 等，2000）。而另一派认为两者并没有替代性，雇主会严格区别正规教育背景和在职培训经历（Sloane 等，1999；Cohn 和 Ng，2000）。Groot（1996）认为，教育过度和教育适配劳动力真实工作技能的比较需要时间，如果教育过度劳动力在长期工作中的教育收益率是较低的，那么说明他们的生产率确实比较低。此外,Groot对教育经历和工作经验的关系提出代际效应的研究视角,他认为不同年龄层的劳动力面对的就业要求不同。如果劳动力教育水平的增长速度快于工作所需教育的增长速度,那么高学历的劳动力会替代低学历的劳动力,从而教育过度发生。对于年轻的教育程度较高的劳动力来说,可选择的优质工作较少。所以只能说明老一辈的劳动力面对的时代特征和年轻一辈的劳动力面对的时代特征不一样,老一辈中受过高等教育的劳动力,可选的优质工作较多,而年轻一辈的劳动力的选择范围下降。所以仅仅从工作经验和教育背景的替代性来解释教育失配是不够的。

教育失配发生率在任何国家都不是稳定不变的,教育失配随着劳动力个体特征、工作特征的不同而不同。例如,女性劳动力与男性劳动力之间、本国劳动力与移民劳动力、第一份工作与最后一份工作,教育与工作匹配程度存在明显差别。在上述三对关系中,通常结果是前者拥有较低的教育与工作失配发生率,也就是在劳动力市场中表现出较弱特征的劳动力,更易发生教育失配,这是目前的实证研究中一个比较认可的规律。此外,现有研究中关于劳动力出现教育失配的原因可以归纳为以下几类。首先,教育失配的原因在于劳动力市场空缺职位的信息是不完全的。尤其对新进入劳动力市场的劳动力和外来劳动力来说,不完全信息在很大程度上决定了其教育失配情形。因为对于外来劳动力和文化背景完全不同于流入地的劳动力来说,他们得到不熟悉的劳动力市场中的就业信息的成本非常高。不完全信息导致劳动力市场上的教育过度和教育不足,不过在现有的研究中,不完全信息对教育过度和教育不足的影响程度还没有一致的结论。其次,随着劳动力在劳动力市场中具有一定的工作经验后,雇主根据劳动力的教育背景和工作背景进行进一步筛选,这个筛选过程可能会改变劳动力目前的教育匹配情形。比如由于雇佣阶段的判断错误而在入职后处于教育过度的劳动力,在筛选过程中可以获得新的机会展现自己的人力资本,从而获得更合适的工作岗位。这也表明劳动力的教育失配状态是动态变化的。再次,一部分教育失配起源于不完善的制度体系。尽管劳动力市场在雇佣初期和再次筛选过程中都会对员工进行考核,但还是避免不了由制度体系不完善引起的教育失配。这其中的制度性要素包括本地劳动力市场如何评价外来劳动力的教育背景，以及外来劳动力真实的教育水平、劳动力的流出地和流入地之间文化的相似性等。

劳动者的教育与工作匹配状况是作为劳动者参与劳动力市场的一个结果而存在的。虽然人力资本理论、筛选理论、职业竞争理论以及分配理论等都对教育与工作匹配中的某些现象有一定的解释力，但在这些理论的分析中对劳动力市场的实际运作考虑得不够全面和充分。我国来源于农村地区的农民工群体是一个数量庞大、地理分布广泛的群体，从年龄、职业、教育程度、地域等方面可划分为多种亚群体，不同群体的教育与工作的匹配状况受多种因素的综合影响而呈现一定差异性。对这种不同劳动者群体在教育失配表现上可能存在的差异性，已有的教育失配理论难以提供足够的、贴合实际的解释。既然教育与工作的匹配状况是劳动力参与劳动力市场的一个结果，那么我们就可以从劳动力市场的实际运作过程来考察教育与工作的匹配问题，通过从过程中寻求导致结果的机制，以求得对这一问题的一个全面真实的理解。从现实的劳动力市场的运作过程来看，就业机会与劳动力资源之间的不对称分布，以及工资(价格)的高度离散，构成了真实劳动力市场的典型特征。由于劳动力市场中个人和职位存在异质性，以及就业信息的非完全性和非对称性，就有可能使同一行为主体挣得不同工资，从而求职者就要在劳动力市场上进行工作搜寻，以便获得尽可能高的工资。因此，劳动力市场的特征决定了劳动力市场运作中存在劳动者工作搜寻行为的必然性。

为了加深对真实劳动力市场中存在的工作搜寻行为现象的认识和理解，自20世纪六七十年代开始，工作搜寻理论在西方国家逐渐发展起来。斯蒂格勒(Stigler，1961，1962)率先提出了行为主体在信息不完全市场上的搜寻过程。而现代工作搜寻理论则形成于20世纪70年代，由麦考尔(McCall，1970)和莫藤森(Mortensen，1970)加以模型化[①]，其主要目的就是研究不完全市场下的个体有关工作和工资的行为表现。此后，工作搜寻理论得到长足发展，到目前为止已形成一个庞大的理论群，成为解释劳动力寻找工

① 斯蒂格勒、麦考尔和莫藤森三篇文献的观点，转引自期刊文献：乐君杰．工作搜寻理论、匹配模型及其政策启示[J]. 浙江社会科学，2011(1)：135－140.

作过程的主流理论。工作搜寻理论认为,劳动力市场上信息不完全和企业的工资报价分布是未知的,所以理性的求职者会进行一系列的工作搜寻行为,以寻求有关工资报酬和就业岗位的信息。劳动力的工作搜寻过程有助于改善自身的信息分布结构,从而有利于劳动力做出获取工作的最优判断和选择。工作搜寻理论为劳动力市场理论加入了信息不确定性及搜寻成本这两个假设,建立有严格约束条件的理论模型,力求阐释在信息不确定性及产生搜寻成本的情况下,求职者进行工作搜寻的决策与行为过程。

由于工作搜寻是劳动力市场上的重要经济现象,对工作搜寻的有关问题进行研究,是深入理解劳动力市场运行机制的一个关键。工作搜寻理论通过研究劳动者在特定环境下的搜寻行为,有助于我们理解真实劳动力市场的运作机制和运作过程。当我们通过工作搜寻理论分析劳动力市场运作过程,并把劳动者的受教育程度作为一个重要因素考虑在内时,将可能从中获得针对教育与工作失配问题的一个全新认识。因此,本部分的研究内容在借鉴工作搜寻理论相关概念与方法的基础上构建求职者的教育与工作匹配模型,并将该模型运用于分析农民工群体的教育与工作失配问题。

三、工作搜寻视角下的教育与工作匹配模型

包括农民工从业的劳动力市场在内的各类劳动力市场的一个重要特征就是其具有摩擦性:劳动力市场中的信息流是不完全的,求职者和有职位空缺的雇主之间进行相互搜寻需要花费时间和精力。即使在劳动力队伍的规模保持不变的情况下,在每一时期仍然会有一些新的求职者进入劳动力市场寻求就业,同时还会有一些就业者或求职未果者离开劳动力队伍。有些人还会辞去现有工作,再去他处谋求就业。此外,作为雇主的企业常常还会出现产品市场需求的随机波动现象,从而导致有些企业出现倒闭或临时解雇员工的情况。而同时其他一些企业则可能刚刚开张或者需要扩大雇用规模。由于求职者的个体和工作能力的特征,以及可能的工作机会的信息并不是立即可以得到的,所以农民工和劳动力市场上的潜在雇主之间的匹配

过程需要一定的时间，这样就会产生相应的成本。在任何一个劳动力市场中，求职者与工作的匹配状况都受进入和退出劳动力市场的求职者的流量以及求职者找到并接受工作机会的速度的影响，而决定这种速度的因素则可以通过对求职者工作搜寻过程的分析来发现。对农民工工作搜寻过程的分析还可以揭示出农民工教育与工作匹配状况的决定方式。所以此部分研究内容通过工作搜寻模型来分析农民工的工作搜寻过程，然后说明农民工的教育与工作的匹配状况的决定方式。

(一)模型的基本假设

本书对模型作如下假设：

(1)不同的雇主对工作职位制定不同的最低雇用标准组合。雇用标准包括求职者的受教育水平要求、工作经验要求、雇用测试成绩要求等，所有这些要求被概括为单一的变量 K，它代表一个工作职位要求从业者具备的最低技能水平。

(2)每一个工作职位的工资率 W 为工作职位所要求的最低技能水平 K 的一个函数，即 $W=W(K)$，并且该函数为增函数。

(3)采用相同雇用标准的不同雇主提供的工资水平相同。

(4)采用不同雇用标准的雇主提供不同的工资水平，存在一个与劳动力市场上的各种空缺职位相联系的工资出价分布。

(5)工作职位所要求的最低技能水平 K 按照其大小可划分为不同的等级，等级的高低与工作职位对求职者受教育水平的要求的高低存在正相关关系，即 K 越大的等级对求职者受教育水平的要求越高。因此，雇主对工资水平的设定是与工作职位要求的教育水平联系在一起的，对求职者教育水平要求的雇主和企业，其设定的工资水平较高；对求职者的教育水平要求较低的雇主和企业，其设定的工资水平也较低。

(二)农民工对工作机会的决策问题

假设某一位农民工拥有的技能水平为 K^*。由于雇主只会雇用达到自己雇用标准的劳动力，因此这位农民工有希望得到的最高工资率就是

$W^*(K^*)$。如果这位农民工知道哪些雇主制定的雇用标准为 K^*，他就会到这些雇主那里去求职。当他找到这些雇主后，由于他符合这些雇主的雇用标准，他将会在 $W^*(K^*)$的工资率下被雇用。然而，现在假定劳动力市场上的信息是不完全的，即尽管求职的农民工知道工资出价分布曲线 $f(W)$的形状，但是他却并不知道每一个雇主对特定空缺职位所提供的工资率是多少或制定的雇用标准到底是什么。于是，农民工的工作搜寻过程可以是这样一个过程：他随机地到各个雇主那里去应聘，如果雇主的雇用标准超过了 K^*，那么雇主就会拒绝为他提供工作；如果雇主的雇用标准恰好是 K^* 或比 K^* 还低，那么雇主就会为他提供一份工作。在此过程中，这位求职者可能会发现，对自己最有利的做法是先花费一定的时间找到几个愿意提供工作机会的雇主，然后从中接受最好的一个工作机会。但农民工也可能面临另外一种常见的情况，那就是如果农民工遇到一个工作机会，该农民工需要立即决定是否接受这份工作，如果该农民工不能在短时期内做出接受工作的决定，那么该工作机会可能会被其他求职的农民工获得。因此，农民工在工作搜寻过程中面临着对遇到的一个特定的工作机会做出接受或放弃的决策问题。他可以采用的一个策略是根据自己的保留工资来决定是否接受某个工作机会，并且该农民工只接受工资水平不低于自己保留工资的工作。这时候，保留工资的决定就成为问题的关键。

(三)保留工资决定

为了分析基于保留工资的决定，假设 W_R 是技能水平为 K^* 的某个农民工所选定的保留工资。基于前文的假设，这个求职农民工的求职申请将会被所提供的工资率高于 $W^*(K^*)$的任何一个雇主所拒绝，因为他达不到这类雇主的最低雇用标准。另一方面，他也会拒绝接受工资水平低于 W_R 的任何工作。

如果该农民工将他的保留工资提高到一个更高的水平上，那么他的这一选择将会产生两种效应：一是由于他会拒绝工资水平低于这一保留工资的更多的工作，他实现就业后的预期工资将会上升；二是拒绝更多的工作机会会降低他在任一时期找到可接受工作的可能性，而这又会增加他预期求职花费的时间。因此，每一位理性求职的农民工都会将其保留工资确定在使因预期求职时间延长而额外产生的成本恰好等于预期受雇后得到较高工资所带来的额外增加的收益的水平上，即遵循工作搜寻的边际收益与边际成本相等的原则确定保留工资，如图 6.5 所示。

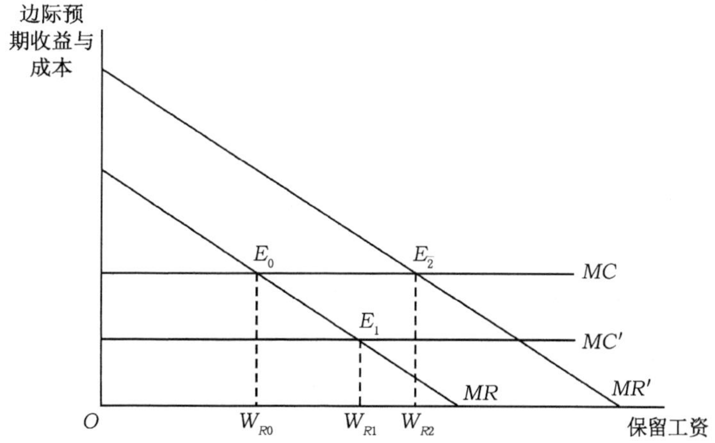

图 6.5　农民工保留工资的决定

图 6.5 中，横轴代表求职者的保留工资，纵轴代表求职者在保留工资的每一水平下进行工作搜寻的边际预期收益与边际预期成本。*MR* 曲线为边际预期收益曲线，*MC* 曲线为边际预期成本曲线，*MR* 曲线与 *MC* 曲线相交于 E_0 点，即保留工资为 W_{R0}。从图中可知，当 *MR* 曲线或 *MC* 曲线发生变动时，会引起保留工资的变动。例如，假定农民工在找工作期间获得来自外部的生活补贴之类的资金资助，使求职者个人承担的工作搜寻成本下降，引起 *MC* 曲线下移至 *MC′* 的位置，在 *MR* 曲线不变的条件下，那么保留工资就会增加到 W_{R1}；而如果 *MC* 曲线保持不变，*MR* 曲线向右上方移动时也会使保留工资提高。例如，求职者通过参加技能培训提高了自身的技能水平，潜在的工作机会中包含了更多高工资率的工作职位，使工作搜寻的预期边际收益增加，从而使 *MR* 曲线向右上方移动到 *MR′* 的位置，那么他的最优保留工资将增加到 W_{R2} 的水平。

农民工做出最优保留工资的决策后，他的实际工作搜寻过程就可以看作对工资出价满足不低于这一保留工资和不高于其拥有的技能水平决定的最高可得工资水平这两个条件的工作机会进行随机搜寻的过程。在现实的劳动力市场中,农民工通过社会关系找工作,也可以视作委托别人替自己找工作,在信息不完全假定下,别人的这一找工作过程仍然可以看作随机的。只要他遇到某个雇主愿意提供给他一个工资水平不低于他的保留工资的工作机会,他就会接受这一工作机会,从而实现与工作职位的匹配,而如果他拒绝这一工作机会,企图得到一个工资水平更高的工作机会,也就是不按最优保留工资进行工作机会选择,那么他就需要花费额外的时间寻找工作,此时继续搜寻工作的边际预期成本会超过边际预期收益,是得不偿失的。因此,该农民工最终实际得到某一工资水平的工作机会完全取决于运气的好坏,他可能恰好遇上一位愿意提供给他工资水平等于他的保留工资 W_R 的雇主,也可能恰好遇到的是一位愿意提供给他工资水平等于与他的技能水平相适应的工资水平 $W^*(K^*)$ 的雇主,或者恰好遇到的是愿意提供工资水平介于 W_R 与 $W^*(K^*)$ 之间的任何一个其他的雇主。因此,两位具有相同技能水平并且选择相同保留工资的农民工,他们最终实际得到的工资水平也是有可能存在差异的。由此可以得到假说:具有相同教育背景和工作技能水平的农民工,由于其在劳动力市场中不同的教育匹配情形,最终得到的工资水平可能是存在差异的。

(四)农民工个体教育失配发生率的估计

由于农民工是根据工作职位提供的工资水平对工作职位进行取舍决策,最终实现与工作职位的匹配,而本书又假定工作职位提供的工资水平与工作职位要求的教育水平相联系,因此在明确了农民工如何与工作职位匹配的问题后,就可以探讨农民工的教育与工作匹配问题了。如前文所述,劳动力市场中的农民工存在三种教育与工作匹配结果,即教育不足、教育适配和教育过度。本书使用图 6.6 来具体分析单个农民工个体发生教育不足、教育适配和教育过度的概率。图 6.6 中,横轴表示劳动力市场上的雇主对每一空缺职位给出的工资率 W,$f(W)$为工资出价分布密度函数。由于工资率 W 是工作职位要求的最低技能水平 K 的增函数,因此当沿着横轴向右方移动时，空缺职位要求的最低技能水平和相应的工资率都会有所提高。由于 $f(W)$ 是工资出价分布密度函数，所以曲线 $f(W)$ 与横轴围成的区域的面积等于 1。因为本书假定雇主对工资水平的设定是与工作职位要求的教育水平联系在一起的，对求职者的教育水平要求较高的工作，可以提供较高的工资；对求职者的教育水平要求较低的工作，提供的工资也相应较低。因此在图中用 E_1、E_2、E_3 分别代表工作职位要求的三种依次提高的教育水平，它们对应的工作职位的工资率分布范围分别是：要求教育水平为 E_1 的工作职位提供的工资率分布于区间 $[W_1, W_2)$，要求教育水平为 E_2 的工作职位提供的工资率分布于区间 $[W_2, W_3)$，要求教育水平为 E_3 的工作职位提供的工资率分布于区间 $[W_3, W_4)$。

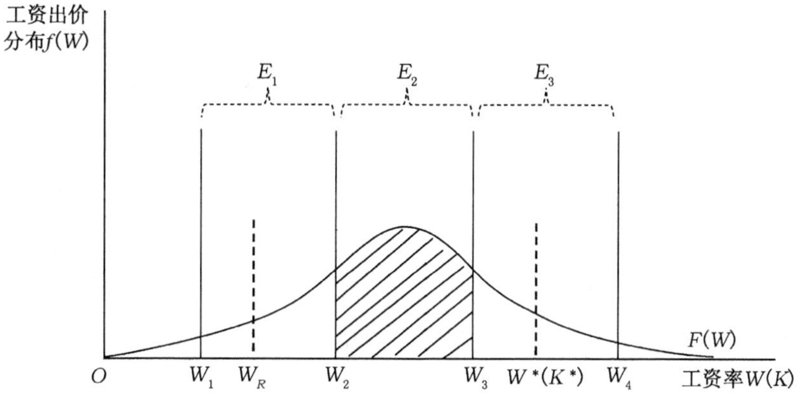

图 6.6　教育与工作匹配模型

假定某个求职者的受教育程度为 E_2，拥有的技能水平为 K^*，他的保留工资为 W_R。由上文的分析可知，与该求职者匹配的工作职位是提供 W_R 至 $W^*(K^*)$ 范围内某一工资水平的某个特定职位，这一职位的确定具有一定的随机性，提供的工资水平处于 W_R 至 $W^*(K^*)$ 范围内的任意一个工作职位，都有可能与该求职者匹配。当该求职者与工作职位实现了匹配，也就意味着得到了该农民工的受教育程度与工作职位所要求的教育水平的一个匹配结果。在图 6.6 中，当农民工找到并接受的工作职位是工资率处于 $[W_2, W_3)$ 区间的某一工作职位，那么他会处于教育与工作适配状态；当他找到并接受的工作职位是工资率处于$[W_R, W_2)$区间的某一工作职位，那么他将处于教育过度状态；而当他找到并接受的工作职位是工资率处于$[W_3, W^*(K^*))$区间的某一工作职位，那么他将处于教育不足状态。

因此，这个求职者在任一时期能够找到的可接受并且是教育适配的工作职位的概率就等于曲线$f(W)$与横轴以及W_2和W_3处的两条垂线围成的区域的面积，即图中阴影部分的面积，面积越大，其实现教育适配的可能性越大。同样的，该求职者在任何一个时期能够找到的可接受并且是教育过度的工作职位的概率等于曲线$f(W)$与横轴以及W_R和W_2处的两条垂线围成的区域的面积，能够找到的可接受并且是教育不足的工作职位的概率等于曲线$f(W)$与横轴以及W_3和$W^*(K^*)$处的两条垂线围成的区域的面积。在求职者的保留工资和技能水平一定的条件下，如果劳动力市场的工资出价分布密度曲线发生位置或形状的变动，例如左偏或右偏，从图中可知这会导致表示教育适配、教育过度和教育不足三种概率的三个区域的面积都有可能变化，从而引起三种概率发生变动。对于受教育程度不同的求职者来说，在给定的工资出价分布密度曲线下，即使他们的保留工资、拥有的技能水平相同，他们的教育适配、教育过度与教育不足的概率也会有所不同。例如，在图6.6中，假定某个求职者的受教育程度为E_1，他的保留工资为W_R，拥有的技能水平为K^*，那么他的教育适配的概率为曲线$f(W)$与横轴以及W_R和W_2处的两条垂线围成的区域的面积，教育不足的概率为曲线$f(W)$与横轴以及W_2和$W^*(K^*)$处的两条垂线围成的区域的面积，教育过度的概率则为0，因此与保留工资同样为W_R、拥有的技能水平同样为K^*但受教育程度为E_2的求职者的教育适配、教育过度和教育不足的概率形成了差异。由此得到假说：农民工的教育匹配状态由其教育背景和技能水平共同决定，决定机制可能还受到其他因素的影响。

（五）农民工群体教育失配发生率的特征

一个劳动力群体的教育不足、教育适配和教育过度发生率是由该劳动力群体中的每个个体求职时实现的教育与工作匹配结果决定的。本书利用上文中农民工个体的三种教育与工作匹配结果的概率对农民工群体的教育不足、教育适配和教育过度的特征进行估计。首先对某个农民工（记为求职者 A）做如下假定：

1. 农民工 A 的受教育程度为 E_2，拥有的技能水平为 K^*，保留工资为 W_R，空缺职位的工资出价分布密度曲线为 $f(W)$。

2. 市场上还有很多类似于农民工 A 的其他农民工，他们的受教育程度、拥有的技能水平以及保留工资均相同，本书把这些劳动力都看作农民工 A，他们构成的群体称为农民工 A 群体，该群体包含的求职者总量为 N 个，N 是一个很大的数值。

3. N 个农民工 A 依次进入劳动力市场搜寻工作。其中的每个求职者与第一个空缺职位相遇后该空缺职位的雇主根据求职者的技能水平做出是否提供给该求职者工作机会的决策，同时该求职者根据保留工资做出是否接受雇主提供的工作机会的决策，经过双方的选择，得到求职者与空缺职位的两种匹配结果：要么求职者得到并接受该职位，要么求职者未得到或得到但未接受该职位，称之为求职者的一次工作匹配，所有 N 个求职者 A 都进行一次工作匹配后即为完成一轮工作搜寻。经过一轮工作搜寻后，N 个求职者 A 中有的实现了与工作职位的匹配，即实现了就业，有的则未实现就业。对于未实现就业的求职者可以选择离开劳动力市场，或者与新加入的求职者 A 一起组成 N 个求职者进行下一轮工作搜寻。

4. 假定在某一工资出价下，一个空缺职位被占用的同时会有一个新的同样的空缺职位产生，因此求职者在搜寻工作过程中空缺职位的工资出价分布密度曲线 $f(W)$ 保持不变。

本书把农民工发生教育不足、教育适配和教育过度的概率分别记为 p_u、p_m 和 p_o，这三种概率之和称为求职者的就业概率，记为 p_e。在上述假定下，N 个农民工 A 经过一轮工作搜寻后，与工作职位实现匹配的求职者中的教育不足、教育适配和教育过度的人数的估计值，分别记为 N_u、N_m、N_o，具体估计结果如下：

$$\text{教育不足的人数 } N_u = N \times p_u$$

$$\text{教育适配的人数 } N_m = N \times p_m$$

$$\text{教育过度的人数 } N_o = N \times p_o$$

于是，进一步得到 N 个农民工 A 经过一轮工作搜寻后形成的与工作职位实现匹配的农民工 A 群体的教育不足发生率、教育适配发生率和教育过度发生率的估计结果：

$$\begin{aligned}\text{教育不足发生率}&=\frac{\text{教育不足的人数}}{\text{教育不足的人数}+\text{教育适配的人数}+\text{教育过度的人数}}\\&=\frac{N_u}{N_u+N_m+N_o}\\&=\frac{N\times p_u}{N\times p_u+N\times p_m+N\times p_o}\\&=\frac{p_u}{p_u+p_m+p_o}\\&=\frac{p_u}{p_e}\end{aligned}$$

同理可得：

$$\text{教育适配发生率}=\frac{p_m}{p_e}$$

$$\text{教育过度发生率}=\frac{p_o}{p_e}$$

把某一时期经济中某类求职者群体中实现就业的人数中的教育不足发生率、教育适配发生率和教育过度发生率看作经过若干轮该求职者群体中的个体的工作搜寻后的结果，那么这一求职者群体中实现就业的人数中的教育不足发生率、教育适配发生率和教育过度发生率就可以用该求职者群体中的个体经过一轮工作搜寻后的教育不足发生率、教育适配发生率和教育过度发生率代替。当个体的相关概率发生变动时，会相应地引起群体中实现就业的人数中的教育不足发生率、教育适配发生率和教育过度发生率发生变动。例如，当求职者群体中个体的教育不足和教育过度的概率保持不变，而教育适配的概率 p_m 发生一个增量 Δp_m，那么在 $p_m<p_e$ 的条件下①，可以得到如下关系式：

$$\frac{p_m}{p_e}<\frac{p_m+\Delta p_m}{p_e+\Delta p_m}$$

① 尽管有 $p_m=p_e$ 的情况，但这种情况比较极端，因此本文只考虑 $p_m<p_e$ 的情况。

$$\frac{p_u}{p_e} > \frac{p_u}{p_e + \Delta p_m}$$

$$\frac{p_o}{p_e} > \frac{p_o}{p_e + \Delta p_m}$$

上述关系式表明，该求职者群体在其个体的教育不足和教育过度的概率保持不变而教育适配概率 p_m 增大时，该求职者群体中实现就业的人数中的教育适配发生率变高，而教育不足发生率和教育过度发生率变低。同理可知，当求职者个体的教育不足、教育适配和教育过度的概率中任意两个保持不变而其余一个概率变小，那么会引起该求职者群体中实现就业的人数中的教育不足、教育适配或教育过度发生率中与这一发生变动的概率对应的发生率变小，而与保持不变的两个概率对应的发生率变大。综上所述，本书得到假说：农民工群体教育失配的特征与农民工个体教育失配的特征相关。如果大部分农民工都体现教育不足或教育过度特征时，农民工群体对应的发生率也会较高。

四、农民工教育与工作失配的影响因素

农民工根据其个体特征、工作环境等的不同，教育失配也体现出不同的分布特征。因此，本书在保持上一节中有关假设的条件下，从不同角度估计对农民工的教育失配分布特征。

（一）劳动力市场工资出价分布的影响

如果一个劳动力市场的空缺职位中高工资率职位的比重较大，低工资率职位的比重较小，而另一个劳动力市场的空缺职位中则是高工资率职位的比重较小，低工资率职位的比重较大，那么这两个劳动力市场的工资出价分布密度曲线的形状就会存在差异。如果两个劳动力市场中相同技能要求的空缺职位的数量相同但工资水平存在差异，那么这两个劳动力市场的工资出价分布密度曲线的位置就会相应地存在差异。例如对于一个幅员较大

的国家来说，不同区域的经济发展往往不平衡，产业结构和工资水平会存在显著差异。从劳动力市场来说，这些不同区域的劳动力市场的工资出价分布密度曲线的形状和位置都有可能表现出差异，就会导致这些劳动力市场上就业的劳动力群体的教育不足、教育适配和教育过度的发生率有所不同。类似地，在一个劳动力市场上，如果存在就业歧视，比如性别歧视，那么受歧视的劳动力群体和未受歧视的劳动力群体面对的工资出价分布密度曲线的形状或位置也会存在差异，从而造成这两类群体的教育不足、教育适配和教育过度的发生率有所不同。下面从性别比较的角度来说明劳动力市场工资出价分布对劳动力群体的教育不足、教育适配和教育过度发生率的影响。

如果劳动力市场上存在对女性农民工的性别歧视，那么导致的直接后果就是与男性农民工相比，女性农民工在同等条件下无法被雇用，或者需以低于男性农民工的工资率为条件被雇用，这实际上相当于提高了对女性农民工的雇用标准。假如对女性求职者来说，劳动力市场中所有空缺职位的工资率与同等技能水平的男性求职者相比减少一个相同的幅度，那么对女性求职者来说，所有空缺职位的工资率的均值相对于男性求职者来说将会减小，工资率的出价分布会更为集中。这些特征会体现在女性求职者面对的工资出价分布密度曲线上。本书用图 6.7 来分析性别歧视对女性劳动力群体的教育与工作匹配的影响。

图 6.7 中，男性农民工面对的空缺职位的工资出价分布密度曲线为虚线 $f(W)$，女性农民工面对的空缺职位的工资出价分布密度曲线为实线 $f'(W)$，$f'(W)$曲线与 $f(W)$曲线相比发生了明显的变化，表现为向左收缩，并形成更高的峰度。本书利用这样的图形来分析劳动力市场歧视对受教育程度相对较高（如受教育程度为 E_2）的女性求职者的教育与工作匹配的影响。假定图中受教育程度为 E_2的女性求职者的保留工资和技能水平与受教育程度同样为 E_2的男性求职者的保留工资和技能水平相同，均为 W_R和 K^*，那么受教育程度为 E_2的女性求职者发生教育过度的概率等于曲线 $f'(W)$与横轴以及 W_R和 W_2处的两条垂线围成的区域的面积，而受教育程度为 E_2的男性求职者发生教育过度的概率等于曲线 $f(W)$与横轴以及 W_R和 W_2处的两条垂线围成的区域的面积，显然前者大于后者。

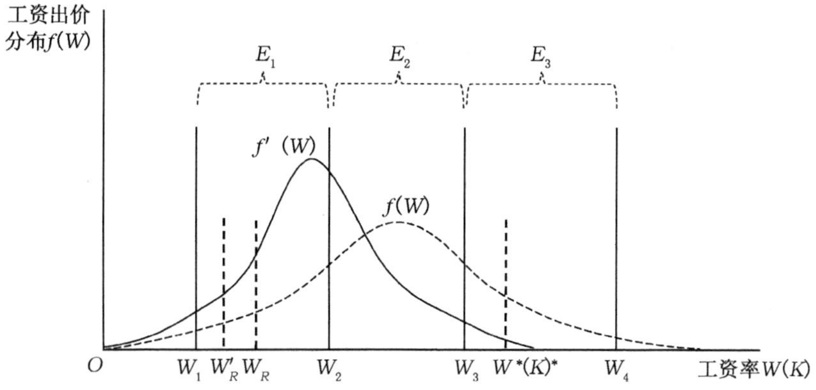

图 6.7　性别差异对待对农民工教育失配的影响

进一步考虑，如果这两类求职者的工作搜寻成本相同，W_R 为男性求职者的保留工资，那么由于女性求职者所面对的潜在工作机会中工资率较高的工作机会比男性求职者同样工资率水平下的工作机会要少，因而女性求职者工作搜寻的边际预期收益要低于男性求职者工作搜寻的边际预期收益，这样在两类求职者工作搜寻的边际预期成本相同的条件下，W_R 就不会成为女性求职者的保留工资，她们的保留工资要小于 W_R，这意味着她们发生教育过度的概率会更大。图 6.7 假定女性求职者的最优保留工资降低为 W'_R，那么她们发生教育不足的概率等于曲线 $f'(W)$ 与横轴以及 W'_R 和 W_2 处的两条垂线围成的区域面积，这一面积与保留工资为 W_R 时相比更大了。本书认为在女性求职者受歧视的条件下，女性求职者的就业概率 p_e 不会超过男性求职者的就业概率 p_e，这样，按照上节中教育过度发生率的估计式，分别得到两个假说：(1)女性农民工与同等受教育程度的男性农民工相比，发生教育不足的概率更大；(2)劳动力市场对某一类劳动力的有偏对待，会导致该类劳动力较易发生教育失配。

(二)农民工个体的技能水平的影响

农民工的技能水平是能否被雇用的重要因素。劳动力市场上存在不同技能水平的农民工，其技能水平主要由受教育程度、工作经验、参加培训的经历等因素决定。例如，两个受教育程度相同的农民工，其中一个有较多工作经验和参加培训的经历，那么他的技能水平就有可能超过没有工作经验及培训经历的另一个农民工。本书用图 6.8 来说明求职者的技能水平对劳动力群体的教育与工作匹配的影响。

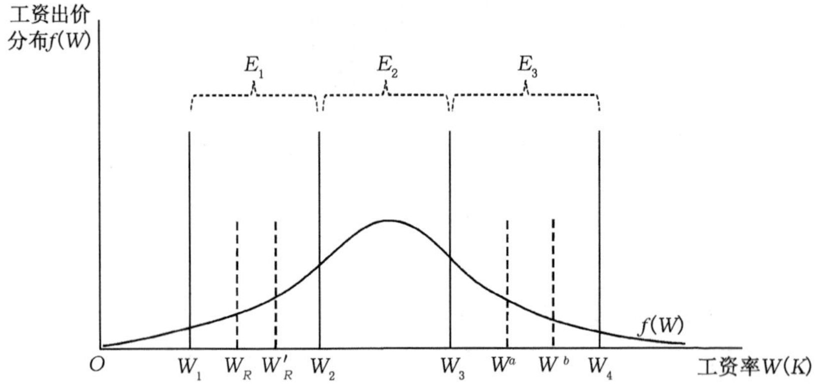

图 6.8 农民工技能水平对教育失配的影响

图 6.8 中，劳动力市场的工资出价分布密度曲线为 $f(W)$，某个求职者 A 的受教育程度为 E_2，他的技能水平为 K^a，与这一技能水平对应的工资率为 W^a，保留工资为 W_R，那么由曲线 $f(W)$ 与横轴以及 W_3 和 W^a 处的两条垂线围成的区域的面积为求职者 A 发生教育不足的概率，记为 p_{ua}。同时，由曲线 $f(W)$、横轴以及 W_R 和 W^a 处的两条垂线围成的区域的面积为求职者 A 实现就业的概率，记为 p_{ea}。按照上一节中教育不足发生率的估计原理，由求职者 A 构成的劳动力群体的教育不足的发生率可估计为 $\frac{p_{ua}}{p_{ea}}$。假设同一劳动力市场上还存在受教育程度同样为 E_2 的求职者 B，他的技能水平为 K^b，与这一技能水平对应的工资率为 W^b，假定 $K^b > K^a$，因此有 $W^b > W^a$。$W^b > W^a$ 意味着与求职者 A 相比，求职者 B 获得高工资率的工作机会的概率增大，这会导致在某一工资率下求职者 B 的工作搜寻边际预期收益大于求职者 A 的工作搜寻边际预期收益。假设求职者 B 与求职者 A 的工作搜寻边际预期成本相同，那么求职者 B 的保留工资就会超过求职者 A 的保留

工资。图 6.8 中求职者 B 的保留工资为W'_R，有$W'_R > W_R$。与对求职者 A 的分析同理可知，求职者 B 发生教育不足的概率可由曲线 $f(W)$与横轴以及W_3和W^b处的两条垂线围成的区域的面积表示，其实现就业的概率可由曲线 $f(W)$与横轴以及W'_R和W^b处的两条垂线围成的区域的面积表示，将这两个概率分别记为 p_{ub}和 p_{eb}，那么由求职者 B 构成的劳动力群体的教育不足的发生率可估计为$\frac{p_{ub}}{p_{eb}}$。将由曲线 $f(W)$与横轴以及 W^a和 W^b处的两条垂线围成的区域的面积记为 Δp，由求职者 A 构成的劳动力群体的教育不足的发生率记为 R_{ua}，由求职者 B 构成的劳动力群体的教育不足的发生率记为 R_{ub}。从图 6.8 中可知，存在如下关系式：

$$p_{ua} + \Delta p = p_{ub}$$

$$p_{ea} + \Delta p > p_{eb}$$

$$R_{ua} = \frac{p_{ua}}{p_{ea}} < \frac{p_{ua} + \Delta p}{p_{ea} + \Delta p} < \frac{p_{ua} + \Delta p}{p_{eb}} = \frac{p_{ub}}{p_{eb}} = R_{ub}$$

因此得到新的假说：具有较优工作技能水平的农民工，其劳动力市场中的搜寻范围变大，发生教育失配的概率可能更高。

（三）农民工受教育程度的影响

劳动力市场中不同的求职者存在受教育程度的差异，这会导致不同受教育程度的劳动力群体的教育与工作失配发生率也有所不同。本书用图 6.9 分析求职者受教育程度对劳动力群体教育与工作匹配的影响。

图 6.9 中，假定求职者 A 的受教育程度为 E_2，他的技能水平为 K^a，与这一技能水平对应的工资率为 W^a，保留工资为 W_R。在曲线 $f(W)$下方、横轴上方的区域中，介于 W_R和 W_2处的两条垂线之间的区域的面积表示求职者 A 的教育过度的概率，记为 p_{oa}，介于 W_2和 W_3处的两条垂线之间的区域的面积表示求职者 A 的教育适配的概率，记为 p_{ma}，介于 W_3和 W^a处的两条垂线之间的区域的面积表示求职者 A 的教育不足的概率，记为 p_{ua}，p_{oa}、p_{ma}与 p_{ua}这三个概率之和为求职者 A 实现就业的概率，记为 p_{ea}，那么对于由求职者 A 构成的劳动力群体来说，可以得到：

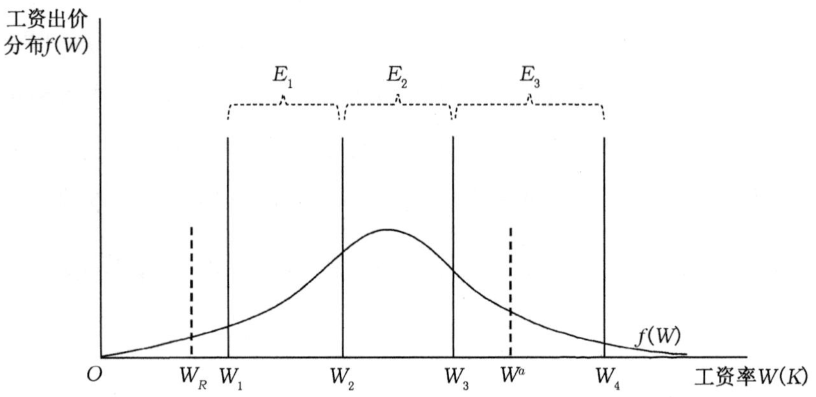

图 6.9 农民工受教育程度对教育失配的影响

$$教育适配发生率=\frac{p_{ma}}{p_{ea}}$$

$$教育不足发生率=\frac{p_{ua}}{p_{ea}}$$

$$教育过度发生率=\frac{p_{oa}}{p_{ea}}$$

现在假定同一劳动力市场中另有受教育程度为E_1的求职者B，他拥有与求职者A相同的技能水平和保留工资。在曲线$f(W)$下方、横轴上方的区域中，介于W_R和W_1处的两条垂线之间的区域的面积表示求职者B的教育过度的概率，记为p_{ob}，介于W_1和W_2处的两条垂线之间的区域的面积表示求职者B的教育适配的概率，记为p_{mb}，介于W_2和W^a处的两条垂线之间的区域的面积表示求职者B的教育不足的概率，记为p_{ub}，p_{ob}、p_{mb}与p_{ub}这三个概率之和为求职者B实现就业的概率，记为p_{eb}。从图6.9中可知，$p_{eb}=p_{ea}$，$p_{ub}=p_{ma}+p_{ua}$，$p_{ob}=p_{oa}-p_{mb}$，那么对于由求职者B构成的劳动力群体来说，可以得到：

$$教育适配发生率=\frac{p_{mb}}{p_{eb}}=\frac{p_{mb}}{p_{ea}}$$

$$教育不足发生率=\frac{p_{ub}}{p_{eb}}=\frac{p_{ma}+p_{ua}}{p_{ea}}>\frac{p_{ua}}{p_{ea}}$$

$$教育过度发生率=\frac{p_{ob}}{p_{eb}}=\frac{p_{oa}-p_{mb}}{p_{ea}}<\frac{p_{oa}}{p_{ea}}$$

由此得到假说:在拥有相同技能水平的条件下,对受教育程度高的劳动力群体来说,其教育不足的发生率会低于受教育程度低的劳动力群体的教育不足的发生率,而其教育过度的发生率会高于受教育程度低的劳动力群体的教育过度的发生率。

(四)职业的技能要求的影响

劳动力市场中各种职业的技术特征不同,对劳动力的技能要求存在差异,有的要求高,有的要求低。某一职业的技能要求的高低直接决定了能够进入该职业的劳动力市场并实现就业的求职者的数量的多少。通常来说,对于技能要求高的职业,达到该职业的技能要求从而能够进入该职业的劳动力市场并实现就业的求职者人数往往少于技能要求低的职业,这就会导致从事不同类型职业的劳动力群体由于职业技能要求的不同而出现教育与工作匹配状况的差异。本书用图 6.10 来说明职业技能要求对从事某类职业的劳动力群体的教育与工作匹配的影响。

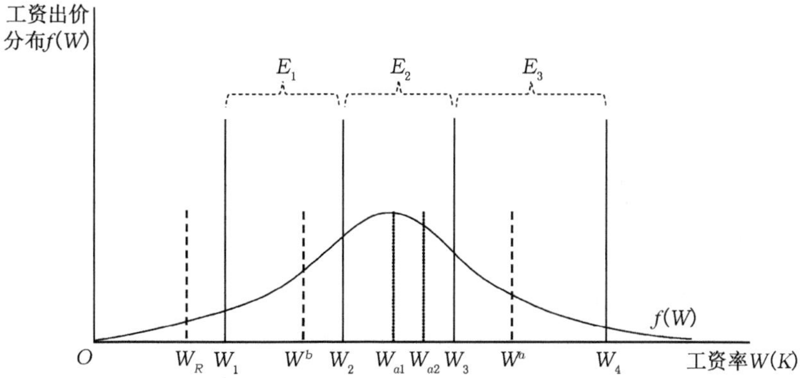

图 6.10 职业的技能要求对农民工教育失配的影响

图 6.10 中,假设职业 A 的工作职位要求的教育水平为 E_2,其最低技能要求分布于 $K_1 \sim K_2$ 的范围,与 K_1 对应的工资率为 W_{a1},与 K_2 对应的工资率为 W_{a2}。再假设劳动力市场中求职者的技能水平非连续,存在两种技能

水平：较高的技能水平 K_h，较低的技能水平 K_l，技能水平 K_h 对应的工资率为 W^a，技能水平 K_l 对应的工资率为 W^b，存在关系式 $K_l<K_1<K_2<K_h$，从而有 $W^b<W_{a1}<W_{a2}<W^a$。假设技能水平为 K_h 的求职者的保留工资为 W_R，$W_R<W_{a1}$。由 $K_l<K_1<K_2<K_h$ 可知，技能水平为 K_l 的求职者达不到职业 A 的技能要求，无法在职业 A 的工作岗位上就业，只有技能水平为 K_h 的求职者才有可能在职业 A 的岗位上就业。假定劳动力市场中受教育程度为 E_1、E_2、E_3 的求职者人数分别为 T_1、T_2、T_3，其中每一种受教育程度的求职者中技能水平为 K_h 的人数占该受教育程度总的求职者人数的比例分别为 a_1、a_2、a_3，这样，三种受教育程度的求职者中技能水平为 K_h 的求职者人数分别为 a_1T_1、a_2T_2、a_3T_3。技能水平为 K_h 的求职者能够受雇于职业 A 的概率由曲线 $f(W)$ 与横轴以及 W_{a1} 和 W_{a2} 处的两条垂线围成的区域的面积表示，记为 p_a。这时我们可以得到对职业 A 来说的如下结果：

$$\text{教育适配发生率}=\frac{a_2T_2p_a}{a_1T_1p_a+a_2T_2p_a+a_3T_3p_a}$$

同理有：

$$\text{教育过度发生率}=\frac{a_3T_3}{a_1T_1+a_2T_2+a_3T_3}$$

$$\text{教育不足发生率}=\frac{a_1T_1}{a_1T_1+a_2T_2+a_3T_3}$$

由上式可知，职业 A 的教育适配发生率、教育过度发生率和教育不足发生率取决于每种受教育程度的求职者的总人数及其中达到职业 A 技能要求的求职者所占的比例。对受教育程度为 E_2 的求职者来说，在其他受教育程度的求职者人数及其中达到职业 A 技能要求的求职者比例给定条件下，在求职者总人数 T_2 一定而其中达到职业 A 技能要求的求职者比例 a_2 较大，或者 a_2 一定而 T_2 较大，使得达到职业 A 技能要求的受教育程度为 E_2 的求职者人数 a_2T_2 较大时，职业 A 的教育适配就会较高，反之则较低。同理可知，当达到职业 A 技能要求的受教育程度为 E_3 的求职者人数 a_3T_3 较大时，职业 A 的教育过度发生率较高；当达到职业 A 技能要求的受教育程度为 E_1 的求职者人数 a_1T_1 较大时，职业 A 的教育不足发生率较高。

对于技能要求高的职业来说，通常其工作职位要求的受教育水平较高，而如果求职者中受教育程度达到该职业受教育水平要求的人数较少，尽管其中达到该职业技能要求的人数比例可能较大，也会使能够被该职业雇用的教育程度达到该职业教育水平要求的人数处于相对较低的水平，而受教育程度低于该职业工作职位要求的教育水平的求职者人数可能会很大，即使这些求职者中达到该职业技能要求的人数比例较低，也会导致被该职业雇用的教育程度低于该职业教育水平要求的人数很多，从而造成该职业劳动力群体有较低的教育适配发生率和较高的教育不足发生率。而对于技能要求低的职业来说，其工作职位要求的受教育水平较低，在劳动力市场中受教育程度低于该职业工作职位要求的受教育水平的求职者人数较少，而达到该职业工作职位受教育水平要求的求职者人数较多，导致该职业受雇劳动力中教育程度低于工作职位要求的受教育水平的人数较少，而与工作职位要求的受教育水平相符的人数较多，从而会造成该职业的劳动力群体有较高的教育适配发生率和较低的教育不足发生率。

由此得到假说：对于技能要求高的职业，该职业的劳动力群体有较低的教育适配发生率和较高的教育不足发生率；对于技能要求低的职业，该职业的劳动力群体有较高的教育适配发生率和较低的教育不足发生率。

五、本章小结

本章将教育与工作的匹配作为求职者工作搜寻过程的一个结果来看待，从工作搜寻视角构建教育与工作匹配模型，并运用该模型，考虑我国农民工劳动力群体的实际情况，从劳动力市场工资出价分布的影响、求职者技能水平的影响、求职者受教育程度的影响以及职业的技能要求的影响几个方面分析了不同类型农民工劳动力群体的教育失配发生率的可能情况。该分析表明，本书所构建的教育与工作匹配模型可以对不同类型农民工劳动力群体的教育失配发生率的差异做出一定的预测或解释，从而可以作为认识我国农民工劳动力群体教育失配问题的一种有效的理论工具。在模型的构建和运用中,本章还在文中提出了若干合乎逻辑的针对农民工群体教育失配问题的理论假说。这些理论假说作为实证模型分析的理论框架,为认识中国各类农民工群体教育与工作匹配的多样性等问题提供了思路。本章从理论分析上说明了农民工劳动力群体存在教育失配的可能,并且不同类型的农民工群体的教育失配的具体状况也会有所差别,那么,我国农民工群体的教育失配的现实情况究竟如何,以及群体的教育特征对金融市场环境的相互作用的内部作用机制,都是需要进一步挖掘的研究方向。

第七章　农民工教育与工作失配的收入效应

一些针对教育与工作失配的研究发现，教育失配通过影响劳动力在劳动力市场中的位置，进而影响劳动力获得的教育收益，并可能降低教育回报率，即有一部分超出工作所需的教育没有获得相应的报酬。在现有的中国国内研究中，鲜有提及教育失配对农民工收入的影响。本部分主要从教育失配的角度，研究农民工教育不足特征对其收入的影响。需要提及的是，教育除了经济功能，还有其他的社会功能，全盘考虑教育失配对劳动力的所有可能的影响是一个比较宏大的问题，特别是诸如教育对人们精神面貌和社会福利的影响，所以本部分的讨论主要从教育失配对收入效应切入。

教育失配对收入效应的影响研究，源于20世纪60年代欧美经济复苏对教育体系带来的影响。良好的经济环境使欧美国家的教育投入增加，教育系统不断庞大，Freeman关注到美国劳动力市场中教育过度问题，随后欧美劳动力市场上教育与工作失配现象越来越受到学术界的重视。根据20世纪70年代以后的相关文献，教育失配的收入效应有以下几个规律性的结论：第一，如果在收入方程中考虑教育与工作匹配状况，那么适配时的教育收益率高于基本明瑟收入方程中的教育收益率（Verdugo和Verdugo，1989；Keith和John，2011；Keith等，2013；Andrey等，2015）。第二，以从事同一工作且教育适配者为参照，以及以同样教育背景且教育适配者为参照，教育过度者的教育回报通常高于这两个参照群体，教育不足者的教育回报通常低于这两个参照群体（Duncan和Hoffman，1981；Edwin和Hessel，2011）。第三，企业一般愿意对高于所需教育水平的劳动力支付较高的工资，对低于所需教育水平的劳动力支付较低的工资，但这可能是短期行为（Murillo等，

2012)。考虑到农民工是中国社会经济环境下一个庞大的劳动力群体,针对这个群体进行的研究有可能引出比较特别的结论。不过,正是其特别之处,才更具有学术意义和中国社会背景的现实意义。

国内对农民工教育失配收入效应的研究,离不开两个背景。其一是现有的对农民工教育收益率的研究,都认可教育对提高农民工收入的重要作用。比如刘泽云(2004)的结论是从 20 世纪 80 年代到 90 年代,农民工的教育收益率在 2%~6%,后来的估计结果大多在这个区间之内或附近:陆慧(2004)估计为 4.1%;国务院发展研究中心农村经济研究部(2007)估计为 7.5%;宁光杰(2012)估计为 1.5%;易莹莹(2012)估计为 4.9%;刘泽云等(2011)估计介于 3%~4%;黄斌等(2014)估计为 5.5%。造成估计结果差异较大的原因很多,这里对其他原因不打算一一列举,只想从一个特定角度做出深度挖掘。其二,现有的相关研究几乎都忽视了教育与工作匹配状态的多样性对教育收益率的影响,而修正性文献近年才偶有出现。例如,王广慧和徐桂珍(2014)研究了新生代农民工教育匹配状况对教育收益率的影响。该文发现,新生代农民工教育与工作匹配时的教育收益率高于其实际教育收益率,过度教育对新生代农民工的收入有正向影响。事实上,国内针对教育与工作匹配问题的文献,其研究对象大多集中在高校毕业劳动力群体和城镇劳动力,例如范皑皑(2012)与罗润东和彭明明(2010)研究了大学毕业生教育过度情况,武向荣(2007)和黄志岭等(2010)针对城镇劳动力做了教育失配研究。

中国农民工教育收益问题是一个长期活跃的研究领域,但缺乏对教育与工作匹配情形的考虑,以及不同匹配情形对收益估算结果的影响。这也就意味着,现有绝大多数文献总是假设农民工教育与工作的匹配状况是单一的,因而无须考察教育对收益在不同人群之间具有非对称性影响这种可能性。这种假设意味着现有文献有可能存在重大缺陷,即一旦探明农民工教育与工作的匹配状况并不是单一的,而是教育适配、教育不足和教育过度三种状况同时并存,并且教育收益在人群之间具有不可忽视的非对称性,那么其估计结果的可信度将受到质疑。另一方面,农民工在劳动力市场上长期处于教育失配状态,可能会在教育收益的主观判断上表现出来。这也许可以部分地解释有些农村地区为什么会出现“教育无用论”的观点,而根据现有文献，这种观点并不能得到很好的解释。所以对农民工教育失配状态的收入效应的研究，既有理论意义，也有现实意义。本部分内容先介绍收入效应的计量模型，然后基于2005年、2010年、2013年CGSS数据对如下两个方面做出实证考察：一是给出教育适配和教育失配情形下农民工教育收入效应，以便观察教育对收入是否具有（针对人群的）非对称性影响；二是从教育获益与教育惩罚角度，进一步揭示这种影响的非对称性。

一、理论与模型介绍

（一）收入方程

对教育与工作失配的收入效应的经验分析，通常基于基本明瑟收入方程（式1），以及拓展的D-H收入方程[Duncan和Hoffman，1981，式(2)]和V-V收入方程[Verdugo和Verdugo，1989，式(3)]。

基本明瑟收入方程表示为：

$$\mathrm{Ln}W=\alpha x+\alpha_a s+\mu \quad (1)$$

其中，W表示劳动者收入；x是一组（包括个人特征等在内的）控制变量；s表示劳动者实际受教育年限；α和α_a均为对应的待估参数，α_a代表明瑟教育收益率（其含义是每增加一年学校教育，劳动者收入增加百分之几）；μ是误差项。

需要指出的是，基本明瑟收入方程满足人力资本理论的理论框架，认为劳动力市场是完全竞争的，劳动力的工资由边际产出决定。所以，劳动力的工资由劳动力的特征决定，劳动力的教育失配只是暂时的现象。明瑟收入方程没有考虑劳动力市场上教育与工作匹配类型的差异，先验地假设任何类型劳动力的受教育年限每增加一年，其收入的（相对）增加都是一样的。但是，在劳动力市场中，几乎总是存在劳动力实际受教育水平与工作所需受教育水平并不一致的情况。

D-H模型的主要创新之处在于根据实际情况，针对教育与工作匹配程度区分了不同情形，并对不同情形下的明瑟教育收益率赋予了差异化特征，其计量模型是在基本明瑟收入方程式(1)的基础上扩展而来的，用式(2)表达。

$$\mathrm{Ln}W = \alpha x + \alpha_o S_o + \alpha_r S_r + \alpha_u S_u + \mu \tag{2}$$

其中，W 代表劳动者收入，S_o 表示教育过度受教育年限，S_r 表示工作所需受教育年限，S_u 表示教育不足受教育年限，α_o、α_r 和 α_u 分别为相应的系数，μ 为误差项。

D－H 方程是从教育与工作匹配程度的角度，考虑教育收益的分化特征。在式(2)中，过度教育以“年”为单位来衡量，研究参照是从事相同工作但教育适配的劳动力。因为在同一个工作中，有些劳动力处于教育不足情形，有些劳动力处于教育过度情形，有些劳动力是教育适配的，所以 D－H 收入模型是以同一个工作中教育适配的劳动力作为失配情形的参照。D－H方程中 α_o 为正时，表示在同一工作中，相比于教育与工作适配者，该教育过度的劳动力的教育收益率中超出的程度；相反，α_o 为负时，表示教育收益率下降的程度。对应地，当 α_u 分别为正和负时，表示在同一工作中，相比于教育与工作适配者，该教育不足的劳动力的教育收益率超出和下降的程度。D－H 收入模型满足 Thurow(1975)的职业竞争理论，与人力资本理论的观点不同，职业竞争理论认为边际产出由工作决定。所以，劳动力的工资应该完全由工作所需要的教育水平决定。在式(2)中，教育与工作失配情形下的受教育年限定义是：

$$s_o \equiv \begin{cases} s - s_r, 如果\ s > s_r \\ 0, 其他情形下 \end{cases} \qquad s_u \equiv \begin{cases} s - s_r, 如果\ s < s_r \\ 0, 其他情形下 \end{cases}$$

很显然，教育与工作适配时，$S_o = S_u = 0$。此时，D－H 方程即式(2)退化为基本明瑟收入方程式(1)。由此可见，在经典明瑟方程中，其实暗含的假设每个劳动者总是处于教育与工作适配状态。因此，从本质上可以这样说，D－H 方程是从教育与工作匹配程度的角度，考虑了教育收益的分化特征。

接下来考察 V－V 收入模型。与 D－H 收入模型不同，V－V 收入模型考虑的是劳动力实际教育水平，同时将教育与工作的匹配情形作为虚拟变量加入模型中。V－V收入模型用式(3)表示。

$$\mathrm{Ln}W = \alpha x + \hat{\alpha}_o \hat{S}_o + \hat{\alpha}_a \hat{S}_a + \hat{\alpha}_u \hat{S}_u + \mu \qquad (3)$$

其中，W、αx、μ 的含义与前文一致；$\hat{S}_o$ 和 $\hat{S}_u$ 分别代表教育过度和教育不足虚拟变量，当出现教育过度和教育不足情形时其值为1，否则为0；S_a 代表劳动力实际受教育年限；$\hat{\alpha}_o$、$\hat{\alpha}_u$、$\hat{\alpha}_a$ 代表对应的系数。

V－V收入模型结果中的参照是具有同样教育背景并且教育与工作适配的劳动力。当 $\hat{\alpha}_o$ 为正时，表示相比于具有同样教育背景并且教育适配的劳动力，教育过度劳动力获得的收入效应较高；当 $\hat{\alpha}_o$ 为负时，表示教育过度劳动力获得的收入效应较低。当 $\hat{\alpha}_u$ 为正时，表示教育不足劳动力获得的收入效应较高；当 $\hat{\alpha}_u$ 为负时，表示教育不足劳动力获得的收入效应较低。这个方程考虑了劳动力教育和工作的匹配情形，由此估算出的收入效应，能够更好地体现真实教育收益率。

(二)教育获益与教育惩罚

教育获益与教育惩罚主要用来考察在教育失配状态下，教育收益率对适配情形下的偏离究竟具有怎样的特征。简单地说，教育获益是指农民工在现有的教育水平下获得的实际教育收益率，高于统计上的教育收益率。根据劳动力在实际市场中的教育匹配情况，教育获益又可以进一步分为教育不足报酬和教育过度工资溢价；教育惩罚是指劳动力的教育过度和教育不足带来的工资损失。这种考察对于揭示教育失配群体的教育收益特征，具有更加直接的指示性，因为它是通过对相对收益的观察来做出判定的。教育惩罚则可以进一步分为教育过度惩罚和教育不足工资折价。教育获益和教育惩罚的优势在于，针对教育与工作的匹配状态，可以从两个不同的角度加以观察。一是针对工作进行观察。看一看对某个特定的工作，在从事该工作的所有劳动力当中，哪些是适配的，哪些是失配的。二是针对劳动力进行观察。看一看对某个具体劳动力(其教育程度业已确定)来说，在所有工作中，哪些工作对其是适配的，哪些工作对其是失配的。也就是说，假设劳动力市场中存在两个类型的劳动力和两个类型的工作，其中，劳动力 1 的教育程度刚好满足工作 1 的要求，劳动力 2 的教育程度刚好满足工作 2 的要求。劳动力 2 的教育水平高于劳动力 1，工作 2 所需的教育水平高于工作 1，W 代表每个劳动力的工资设定，则不同类型劳动力的教育匹配情形可参见表 7.1。

表 7.1　　不同类型劳动力的教育匹配情形

	工作 1	工作 2
劳动力 1	W_{11}（教育适配）	W_{12}（教育不足）
劳动力 2	W_{21}（教育过度）	W_{22}（教育适配）

信息对称情形下，教育程度高的第一类劳动力获得工资高的第一类工作，教育程度低的第二类劳动力获得工资低的第二类工作；教育程度高的第一类劳动力获得收入低的第二类工作与教育程度低的劳动力获得收入高的第一类工作等情形，只有在信息不对称的情形下才会出现。因此，教育与工作失配是劳动力市场信息不完全的一种表现。在劳动力市场中，寻找工作的劳动力与提供工作的雇主展开博弈，两类劳动力随机寻找工作。如果劳动力数量与可获得的工作岗位是相等的，在没有摩擦的劳动力市场中，最优状态是劳动力真实教育水平和工作所需教育水平一致，教育过度和教育不足的情形不会发生，ORU 工资方程简化为明瑟工资方程。但是，在存在摩擦的劳动力市场中，达不到上述最优状态。在考虑了保留工资的前提下，搜寻结果是员工或者接受目前的工作，或者继续搜寻，从而教育不足和教育过度都成为可能，进而影响教育收益率。所以假设两类劳动力随机地搜寻两类工作，第一类劳动力在第一类工作中的产出为 A_{11}，在第二类工作中的产出为 A_{12}；第二类劳动力在第一类工作中的产出为 A_{21}，在第二类工作中的产出为 A_{22}，并且 $A_{22}-A_{12}>A_{21}-A_{11}$。在无摩擦的劳动力市场中，如果劳动力的数量等于可获得工作的数量，那么劳动力市场上的最优配置为将 i 类型的劳动力分配到 j 类型的工作中，此时，教育过度和教育失配不会发生（见表 7.2）。

表 7.2　　　　不同类型劳动力和工作的产出设定

	工作 1	工作 2
劳动力 1	A_{11}（教育适配）	A_{12}（教育不足）
劳动力 2	A_{21}（教育过度）	A_{22}（教育适配）

在有摩擦的劳动力市场中，第一类劳动力和第二类劳动力的保留工资为 W_{01} 和 W_{02}，劳动力搜寻第一类工作和第二类工作时的保留工资不变。工作 1 和工作 2 的保留收益设置为 Z_{01} 和 Z_{02}，两类工作对所有的劳动力的保留收益不变。劳动力在任何一个工作中的产出与其议价能力 β 相关，且 $0<\beta<1$，所以劳动力可以获得所有产出去除保留工资和保留收入以外的 β 部分，劳动力 i 在工作 j 中的工资可以表示为：

$$W_{ij}=W_{0i}+\beta(A_{ij}-W_{0i}-Z_{0j}) \tag{4}$$

工作 j 聘用劳动力 i 的收益可以表示为：

$$Z_{ij}=Z_{0i}+(1-\beta)(A_{ij}-W_{0i}-Z_{0j}) \tag{5}$$

所以，工资差可以表示为：

$$\begin{aligned}W_{21}-W_{11}&=W_{02}+\beta(A_{21}-W_{02}-Z_{01})-[W_{01}+\beta(A_{11}-W_{01}-Z_{01})]\\&=\beta(A_{21}-A_{11})+(1-\beta)(W_{02}-W_{01})\end{aligned}$$

因为 $A_{21}-A_{11}>0$，并且一般来说，教育程度越高，劳动力的保留工资越高，所以 $W_{02}-W_{01}>0$，推出 $W_{21}-W_{11}>0$。

同理：

$$\begin{aligned}\because W_{22}-W_{12}&=W_{02}+\beta(A_{22}-W_{02}-Z_{02})-[W_{01}+\beta(A_{12}-W_{01}-Z_{02})]\\&=\beta(A_{22}-A_{12})+(1-\beta)(W_{02}-W_{01})\end{aligned}$$

$$\therefore W_{22}-W_{12}>0$$

同理：

$$\begin{aligned}\because W_{12}-W_{11}&=W_{01}+\beta(A_{12}-W_{01}-Z_{02})-W_{01}-\beta(A_{11}-W_{01}-Z_{01})\\&=\beta[A_{12}-A_{11}-(Z_{02}-Z_{01})]\end{aligned}$$

$$\therefore W_{12}-W_{11}>0$$

同理：

$$\because W_{22}-W_{21}=W_{02}+\beta(A_{22}-W_{02}-Z_{02})-W_{02}-\beta(A_{21}-W_{02}-Z_{01})$$

$$=\beta[A_{22}-A_{21}-(Z_{02}-Z_{01})]$$

$$\therefore W_{22}-W_{21}>0$$

所以推论出的结果为：如果 W_{12}/W_{11} 大于 1，则劳动力通过从事比自己教育水平高的工作获益；如果 W_{22}/W_{21} 大于 1，则劳动力从事比自己教育水平低的工作并遭受损失；如果 W_{21}/W_{11} 大于 1，则雇主给予高于工作所需教育的劳动力更多的工资；如果 W_{22}/W_{12} 大于 1，那么雇主减少对低于自己所需教育水平的劳动力的工资。

为了估算出农民工在不同教育匹配情形下的工资，本书将式(2)的 D－H收入模型拓展为存在两类劳动力和两类工作的 D－H 模型：

$$\text{Ln}W_{ij}=\alpha x+\alpha_o S_{oij}+\alpha_r S_{rij}+\alpha_u S_{uij}+\mu \quad (i=1,2;j=1,2) \tag{6}$$

根据定义中不同的匹配类型，工资差可以表示为：

教育不足报酬：

$$\text{Ln}(W_{12}/W_{11})=a_r+a_u \tag{7}$$

教育过度惩罚：

$$\text{Ln}(W_{22}/W_{21})=a_r-a_0 \tag{8}$$

教育过度工资溢价：

$$\text{Ln}(W_{21}/W_{11})=a_0 \tag{9}$$

教育不足工资折价：

$$\text{Ln}(W_{22}/W_{12})=-a_u \tag{10}$$

二、收入效应的实证分析

(一)2005 年的收入效应模型

2005 年的实证结果显示(见表 7.3[①])，基本明瑟收入方程中农民工的教

① 表 7.3 中，括号中的数值为标准差；***、**、* 分别表示显著水平为 1%、5%和 10%。表 7.4 和表 7.5 括号中的数值与显著性水平与此解释相同。表 7.3、表 7.4 和表 7.5 中的收入方程都通过了残差检验及稳健性检验，并且都不存在多重共线性问题。

育收益率为6.0%，工作所需的教育水平的教育收益率为10.3%，高于农民工实际的教育收益率。控制教育过度和教育不足情形后，实际教育年限的教育收益率为7.3%。农民工的教育过度年限和教育不足年限对其收入有显著的影响，在同一个职业中，与教育适配的同事相比，教育过度的农民工的教育收益率高14.1%，教育不足的农民工的教育收益率低8.1%，这说明农民工由于其教育年限的不足，造成了教育收益率的损失。但是与其他教育适配的同事相比，农民工从事的工作所需的教育程度虽然低于其实际的教育程度，但是其获得的教育收益率高于教育适配的同事。如果在整体劳动力市场中，与教育程度相同的农民工相比，教育过度状态给农民工的教育收益率带来10.5%的损失，教育不足情形带来6.2%的损失。总之，与其他教育水平相当且教育适配的农民工相比，农民工不论是处于教育过度情形还是教育不足情形，都对其教育收益率带来损失。

女性农民工实际的教育收益率为7.5%，工作所需的教育收益率为12.3%。在实际的教育水平情况下，如果女性农民工从教育失配的情形达到教育适配的情形，其教育收益率从7.5%上升到11.6%。如果女性农民工的教育水平进一步上升到工作所需的实际教育水平，那么女性农民工的教育收益率则从7.5%上升到12.3%。在所有的情形中，女性农民工的教育水平达到工作所需的教育水平时，其教育收益率是最高的。比较具有同样教育水平但从事不同职业，且处于不同教育匹配情形的女性农民工，教育过度情形的女性农民工的教育收益率低26.9%，而教育不足情形的女性农民工的教育收益率低8.9%。这说明在同样教育水平的背景下，女性农民工的教育过度带来的教育收益率的损失大于教育不足带来的损失。在同一份工作中，比起教育适配的其他女性农民工，教育过度的女性农民工的教育收益率高13.7%，教育不足的女性农民工的教育收益率低6.4%，这说明在同一份工作中，对于女性农民工来说，教育过度的情形优于教育不足情形。

表 7.3　　2005 年教育失配的收入效应

	全部农民工			女性农民工			男性农民工		
方程式样	基本明瑟模型	D－H 模型	V－V 模型	基本明瑟模型	D－H 模型	V－V 模型	基本明瑟模型	D－H 模型	V－V 模型
常量	6.436*** (0.201)	4.421*** (1.185)	6.306*** (0.247)	6.511*** (0.288)	5.210*** (1.503)	6.105*** (0.350)	6.821*** (0.282)	3.703* (1.849)	6.965*** (0.347)
男性	0.371*** (0.051)	0.391*** (0.051)	0.370*** (0.051)	—	—	—	—	—	—
已婚	0.127** (0.062)	0.181 (0.179)	0.125 (0.139)	−0.349*** (0.094)	−0.365*** (0.096)	−0.345*** (0.093)	0.054* (0.032)	0.053 (0.091)	0.051 (0.091)
汉族	0.116* (0.064)	0.130 (0.081)	0.120 (0.080)	0.098* (0.057)	0.050 (0.115)	0.077 (0.114)	0.278* (0.112)	0.271* (0.112)	0.277* (0.112)
劳动合同	0.206*** (0.061)	0.234*** (0.061)	0.204*** (0.061)	0.245** (0.088)	0.292** (0.089)	0.243** (0.088)	0.154* (0.080)	0.176* (0.084)	0.159 (0.084)
年龄	−0.011*** (0.003)	−0.013*** (0.003)	−0.011*** (0.003)	−0.005* (0.003)	−0.003 (0.011)	−0.006 (0.004)	−0.014*** (0.004)	−0.015*** (0.003)	−0.013*** (0.004)
父亲教育	−0.096 (0.066)	−0.090 (0.066)	−0.096 (0.066)	−0.027 (0.089)	−0.003 (0.091)	−0.017 (0.089)	−0.141 (0.096)	−0.154 (0.097)	−0.139 (0.096)
母亲教育	0.121* (0.063)	0.146 (0.126)	0.120 (0.126)	0.195* (0.049)	0.198 (0.178)	0.179 (0.174)	0.013 (0.179)	0.048 (0.179)	0.014 (0.180)
实际教育水平	0.060*** (0.010)	—	0.073*** (0.018)	0.075*** (0.014)	—	0.116*** (0.025)	0.049*** (0.013)	—	0.033 (0.025)
工作所需教育水平	—	0.103* (0.062)	—	—	0.123** (0.051)	—	—	0.136* (0.075)	—
教育过度年限	—	0.141* (0.055)	—	—	0.137* (0.069)	—	—	0.111 (0.089)	—
教育不足年限	—	−0.081** (0.027)	—	—	−0.064* (0.036)	—	—	−0.104** (0.038)	—

续表

	全部农民工			女性农民工			男性农民工		
方程式样	基本明瑟模型	D－H 模型	V－V 模型	基本明瑟模型	D－H 模型	V－V 模型	基本明瑟模型	D－H 模型	V－V 模型
教育过度虚拟变量	—	—	−0.105 (0.117)	—	—	−0.269 (0.172)	—	—	0.025 (0.159)
教育不足虚拟变量	—	—	−0.062* (0.033)	—	—	−0.089*** (0.020)	—	—	−0.110* (0.063)
专业技术人员	−0.186** (0.075)	−0.226 (0.232)	−0.224 (0.125)	−0.266* (0.139)	−0.380 (0.286)	−0.172 (0.152)	−0.190** (0.091)	−0.158 (0.216)	−0.130 (0.175)
办事人员和服务人员	−0.116*** (0.037)	−0.163* (0.096)	−0.016 (0.087)	−0.367** (0.137)	−0.407 (0.394)	−0.359** (0.137)	−0.121* (0.062)	−0.095 (0.121)	−0.124 (0.119)
一般技术职位	−0.106*** (0.025)	−0.098* (0.056)	−0.068 (0.066)	−0.236* (0.119)	−0.289 (0.484)	−0.280 (0.466)	−0.181* (0.096)	−0.121 (0.107)	−0.283 (0.208)
农林牧渔水利业生产人员	−0.311* (0.172)	0.026 (0.134)	−0.140 (0.078)	−0.368** (0.137)	−0.258 (0.195)	−0.045 (0.035)	−0.043*** (0.127)	0.238 (0.197)	−0.255* (0.138)
生产运输设备和有关人员	−0.131* (0.588)	−0.262 (0.265)	−0.098 (0.095)	−0.158** (0.068)	−0.071 (0.055)	−0.133 (0.176)	−0.231* (0.126)	−0.173* (0.089)	−0.226 (0.228)
N	1237	1237	1237	539	539	539	698	698	698
F 统计值	16.257	12.513	13.989	10.822	7.23	9.511	5.636	4.759	4.824
调整 R^2	0.137	0.125	0.138	0.184	0.152	0.191	0.083	0.083	0.084
Sig.	0.000	0.000	0.000	0.000	0.000	0.000	0.000	0.000	0.000

对于2005年的男性农民工，其实际教育水平的教育收益率为4.9%，工作所需的教育水平为13.6%，如果控制了男性农民工的教育与工作失配状态，其实际教育水平的教育收益率为3.3%。男性农民工的实际教育收益率低于女性农民工的实际教育收益率。并且如果男性农民工改变其教育失配状态，而达到其实际教育水平的适配程度时，教育收益率反而下降了。但是如果男性农民工将教育水平提高到工作所需的教育程度时，教育收益率能从4.9%上升到13.6%。相比具有同样教育水平但从事不同职业且教育适配其他男性农民工，教育过度的男性农民工的教育收益率高约2.5%，教育不足的男性农民工的教育收益率低约11%。教育过度情形优于教育不足情形。在同一个工作中，教育过度的男性农民工可以多得11.1%的教育收益率，而教育不足情形带来了10.4%的教育收益率的损失。总的来说，2005年的全体农民工，如果能将其教育水平提高到所在职业所需的教育水平，其教育收益率会得到大幅度提高。这也间接说明，目前农民工的教育水平是较低的。

(二)2010年的收入效应模型

基于2010年的研究结果(见表7.4)，如果不考虑农民工的教育与工作匹配情形时，农民工的教育收益率为7.2%，男性性别、已婚身份、汉族等个人特征对农民工的收入具有正面的作用，且在劳动力市场中比女性农民工、单身、少数民族等个人特征的农民工具有优势。农民工在签订劳动合同的工作中，比没有合同的工作，可以多获得18.1%的收入。在农民工教育失配的收入效应中，母亲的教育水平对收入效应起到较为显著的作用，且母亲的教育水平对女性农民工收入效应的影响大于男性农民工。

如果在收入方程中控制农民工的教育与工作匹配状态，农民工的教育收益率将上升为8%。即一旦农民工在现有的教育水平下，由教育失配的情形变为教育适配，那么其教育收益率会上升0.8%。由前文的描述统计的研究结果可知，农民工普遍处于教育不足的情形，其平均教育水平远远低于所在职业内部的平均教育水平。相比具有同样教育水平的农民工，处于教育过度或教育不足情形都会对农民工的教育收益率带来损失。如果考虑其所

表 7.4　　2010 年教育失配的收入效应

方程式样	全部农民工			女性农民工			男性农民工		
	基本明瑟模型	D-H 模型	V-V 模型	基本明瑟模型	D-H 模型	V-V 模型	基本明瑟模型	D-H 模型	V-V 模型
常量	6.923*** (0.217)	6.016*** (0.258)	6.830*** (0.280)	6.614*** (0.394)	6.037* (0.287)	6.543*** (0.498)	7.479*** (0.265)	6.625*** (0.285)	7.337*** (0.344)
男性	0.438*** (0.041)	0.456*** (0.041)	0.437*** (0.041)	—	—	—	—	—	—
已婚	0.268*** (0.071)	0.244*** (0.072)	0.258*** (0.072)	0.058 (0.121)	0.201 (0.198)	0.049 (0.122)	0.383*** (0.088)	0.374*** (0.089)	0.369*** (0.088)
汉族	0.193** (0.064)	0.202** (0.064)	0.188** (0.064)	0.147* (0.085)	0.258** (0.120)	0.042 (0.106)	0.262** (0.080)	0.264** (0.081)	0.257** (0.080)
劳动合同	0.181*** (0.050)	0.222*** (0.050)	0.182*** (0.051)	0.132*** (0.050)	0.184* (0.080)	0.135 (0.081)	0.227*** (0.065)	0.264*** (0.065)	0.228*** (0.065)
年龄	−0.017*** (0.002)	−0.017*** (0.002)	−0.016*** (0.002)	−0.013** (0.006)	−0.008* (0.005)	−0.031* (0.017)	−0.020*** (0.003)	−0.020*** (0.003)	−0.019*** (0.003)
父亲教育	−0.003 (0.011)	0.003 (0.011)	−0.003 (0.011)	−0.002 (0.017)	0.003 (0.017)	−0.002 (0.017)	−0.002 (0.015)	0.004 (0.015)	−0.002 (0.015)
母亲教育	0.019** (0.009)	0.028*** (0.009)	0.021 (0.016)	0.026* (0.015)	0.039* (0.021)	0.028** (0.013)	0.014* (0.008)	0.020 (0.022)	0.016 (0.021)
实际教育水平	0.072*** (0.009)	—	0.080*** (0.018)	0.072*** (0.015)	—	0.078** (0.030)	0.068*** (0.011)	—	0.079*** (0.023)
工作所需教育水平	—	0.107*** (0.028)	—	—	0.091*** (0.021)	—	—	0.113*** (0.035)	—
教育过度年限	—	0.122* (0.048)	—	—	0.099 (0.081)	—	—	0.021 (0.128)	—
教育不足年限	—	−0.186*** (0.032)	—	—	−0.157** (0.051)	—	—	−0.199*** (0.042)	—

续表

方程式样	全部农民工			女性农民工			男性农民工		
	基本明瑟模型	D-H模型	V-V模型	基本明瑟模型	D-H模型	V-V模型	基本明瑟模型	D-H模型	V-V模型
教育过度虚拟变量	—	—	−0.145 (0.102)	—	—	−0.137 (0.212)	—	—	−0.176 (0.118)
教育不足虚拟变量	—	—	−0.024** (0.010)	—	—	−0.063** (0.027)	—	—	−0.014* (0.008)
专业技术人员	−0.539*** (0.082)	−0.658*** (0.124)	−0.444*** (0.065)	−0.373 (0.333)	−0.426** (0.222)	−0.381* (0.226)	−0.484*** (0.080)	−0.656*** (0.125)	−0.691*** (0.094)
办事人员和服务人员	−0.235*** (0.044)	−0.218** (0.070)	−0.412*** (0.065)	−0.438 (0.255)	0.089 (0.136)	−0.421 (0.260)	−0.304*** (0.070)	−0.376*** (0.083)	−0.573*** (0.064)
一般技术职位	−0.684*** (0.089)	−0.027 (0.112)	−0.665** (0.306)	−0.537 (0.291)	0.276 (0.180)	−0.523 (0.294)	−0.504*** (0.060)	−0.092 (0.144)	−0.681*** (0.136)
农林牧渔水利业生产人员	−0.669*** (0.197)	−0.713 (0.646)	−0.550*** (0.103)	−0.448*** (0.067)	−0.523 (0.394)	−0.632** (0.271)	−0.674*** (0.138)	−0.517 (0.427)	−0.450*** (0.062)
生产运输设备和有关人员	−0.746*** (0.140)	0.260*** (0.079)	−0.764*** (0.175)	−0.806** (0.260)	−0.320* (0.177)	−0.779** (0.268)	−0.754*** (0.197)	−0.220* (0.122)	−0.796*** (0.113)
N	2 142	2 142	2 142	805	805	805	1 337	1 337	1 337
F统计值	35.371	30.242	30.869	11.175	9.174	9.603	22.26	19.286	19.324
调整R^2	0.178	0.166	0.179	0.145	0.131	0.145	0.168	0.159	0.17
Sig.	0.000	0.000	0.000	0.000	0.000	0.000	0.000	0.000	0.000

在职业的平均教育水平的收入效应，那么教育收益率为10.7%，高于农民工目前实际获得的教育收益率。从农民工所在的职业总体教育水平来看，农民工如果能够获得高于总体平均教育水平的教育程度，其过度的教育年限对收入有正的效应，而不足的教育年限对收入是负的效应。教育过度农民工的教育收益率高12.2%，教育不足农民工的教育收益率低18.6%。

在明瑟基本收入方程中，女性农民工的教育收益率为7.2%，与总体农民工的教育收益率相当。与教育背景相同且教育适配的其他女性农民工相比，女性农民工教育过度或教育不足的不同情形，对其收入带来负面的影响。教育过度的女性农民工的教育收益率低13.7%，教育不足的女性农民工的教育收益率低6.3%。如果控制了教育与工作失配的情形，那么在现有的教育水平下，女性农民工的教育收益率上升为7.8%。如果从女性农民工所处的职业整体的教育情况来看，达到工作所需教育水平的教育收益率为9.1%，同样高于女性农民工以目前教育水平能够得到的教育收益率。在同一份工作中，女性农民工教育过度情形优于教育不足情形。相比同一份工作中教育适配的女性农民工，教育过度的女性农民工的教育收益率高9.9%，教育不足的女性农民工的教育收益率低15.7%。

男性农民工实际的教育收益率低于全体农民工的教育收益率，也低于女性农民工实际的教育收益率，这与2005年男性农民工的教育收益率的特征相似。男性农民工在实际教育水平的情况下，受教育与工作失配带来的负面影响稍高于女性农民工。如果控制了男性农民工教育与工作失配的情形，其教育收益率由6.8%上升为7.9%。在男性农民工所在职业的劳动力群体中，工作所需教育水平的教育收益率为11.3%，高于男性农民工目前能够获得的教育收益率。男性农民工过度的教育年限可以对其收入带来正的影响，而教育不足的教育年限对其收入的影响为负。即相比同一份工作中教育适配的其他劳动力，教育过度农民工的教育收益率高13.7%，教育不足农民工的教育收益率低6.3%。相比教育背景相似且教育适配的男性农民工，教育过度的男性农民工的教育收益率低17.6%，教育不足的男性农民工的教育收益率低1.4%，说明对男性农民工来说，教育过度带来的教育收益率的损失大于教育不足带来的损失。

(三)2013 年的收入效应模型

基本明瑟教育收入方程测得的教育收益率,掩盖了教育匹配状态多样性及其对农民工收入的非对称影响。所以本书对收入效应的研究,同时比较了基本明瑟收入方程、D-H 收入方程和 V-V 收入方程的结果。由表 7.5 可知,从收入情况看,汉族女性农民工的收入高于少数民族女性农民工。劳动合同对女性农民工的收入有显著影响,从事的工作签订劳动合同比没有工作合同的,其收入多 31.1%。年龄对女性农民工没有显著影响。从事党政机关企事业单位负责人职业的女性农民工,其获得的收入普遍高于其他职业类别。不考虑教育匹配情形时,农民工群体教育收益率为 5.3%。当农民工处于教育适配状态时,D-H 模型估算的教育收益率为 5.6%。在同一工作中,控制了教育过度年限和教育不足年限之后,相比于教育适配的同事,教育过度的农民工的教育收益率高约 14.4%,教育不足农民工的教育收益率低约 5.1%。这个结果表明,企业愿意为高于工作所需教育水平的农民工多支付工资,同时也会减少教育不足农民工的工资。如果控制教育失配状态,V-V 模型显示农民工实际教育收益率只有 4.1%,相比具备同样教育背景的农民工,就教育收益率而言,教育过度者比适配者高 6.2%,教育不足者比适配者低 8.3%。虽然过度教育者比同一工作中适配者的收入高,但 4.1%的教育收益率却低于该劳动力处于适配状态时的收益率(5.6%)。因此农民工处于教育与工作适配状态时,可以获得更高的教育收益率。在 D-H模型中,教育过度和教育不足对收入的影响是显著的,从而有必要做这样的处理。但是在 V-V 模型中,教育过度与教育不足两个虚拟变量的作用,并没有达到设定的显著水平。不过,不能因此否定这个模型的意义——且看分性别估计结果。

在基本明瑟收入方程中,女性农民工教育收益率为 7.4%,工作实际需要的教育水平的教育收益率为 6.1%,低于不考虑匹配状态多样性时的教育收益率。与教育适配状态的同事相比,教育过度的女性农民工的教育收益率高约 18.8%,教育不足的女性农民工的教育收益率低约 8.9%。控制了教育匹配情形之后,女性农民工实际教育收益率下降为 5.5%,相比于具备

表 7.5　2013 年教育失配的收入效应

方程式样	全部农民工			女性农民工			男性农民工		
	基本明瑟模型	D-H 模型	V-V 模型	基本明瑟模型	D-H 模型	V-V 模型	基本明瑟模型	D-H 模型	V-V 模型
常量	7.077*** (0.150)	5.589*** (0.241)	7.232*** (0.230)	6.298*** (0.310)	6.043*** (0.376)	6.468*** (0.301)	7.932*** (0.225)	7.147*** (0.309)	7.986*** (0.288)
男性	0.460*** (0.004)	0.484*** (0.044)	0.461*** (0.044)	—	—	—	—	—	—
已婚	0.247*** (0.059)	0.244*** (0.060)	0.248*** (0.059)	0.011 (0.093)	−0.031 (0.095)	0.008 (0.093)	0.410*** (0.075)	0.424*** (0.077)	0.421*** (0.075)
汉族	0.376*** (0.070)	0.388*** (0.071)	0.376*** (0.070)	0.285** (0.116)	0.301** (0.118)	0.280*** (0.116)	0.396*** (0.087)	0.404*** (0.088)	0.392*** (0.088)
劳动合同	0.302*** (0.050)	0.342*** (0.050)	0.302*** (0.050)	0.311*** (0.079)	0.374*** (0.080)	0.432*** (0.081)	0.311*** (0.063)	0.338*** (0.063)	0.304*** (0.064)
年龄	−0.020*** (0.002)	−0.022*** (0.002)	−0.020*** (0.002)	−0.003 (0.004)	−0.006 (0.004)	−0.003 (0.004)	−0.027*** (0.003)	−0.029*** (0.003)	−0.028*** (0.003)
父亲教育	−0.002 (0.006)	0.001 (0.006)	−0.002 (0.006)	0.008 (0.010)	0.011 (0.010)	0.007 (0.010)	−0.007 (0.008)	−0.005 (0.008)	−0.007 (0.008)
母亲教育	0.018*** (0.007)	0.022 (0.007)	0.018*** (0.007)	0.012 (0.011)	0.017 (0.011)	0.010 (0.011)	0.024*** (0.009)	0.026*** (0.009)	−0.023*** (0.009)
实际教育水平	0.053*** (0.008)	—	0.041*** (0.013)	0.074*** (0.012)	—	0.055*** (0.020)	0.039*** (0.010)	—	0.034** (0.017)
工作所需教育水平	—	0.056*** (0.021)	—	—	0.061** (0.031)	—	—	0.070** (0.028)	—
教育过度年限	—	0.144** (0.067)	—	—	0.188* (0.113)	—	—	0.124 (0.082)	—
教育不足年限	—	−0.051*** (0.015)	—	—	−0.089*** (0.022)	—	—	−0.028 (0.020)	—

续表

方程式样	全部农民工			女性农民工			男性农民工		
	基本明瑟模型	D-H模型	V-V模型	基本明瑟模型	D-H模型	V-V模型	基本明瑟模型	D-H模型	V-V模型
教育过度虚拟变量	—	—	0.062 (0.115)	—	—	−0.097 (0.172)	—	—	0.160 (0.152)
教育不足虚拟变量	—	—	−0.083 (0.074)	—	—	−0.215* (0.118)	—	—	0.003 (0.094)
国家机关党群组织企事业单位		0.408*** (0.109)			0.380** (0.184)			0.364*** (0.137)	
专业技术人员	−0.403*** (0.131)		−0.400*** (0.131)	−0.410** (0.207)		−0.278* (0.165)	−0.301* (0.170)		−0.291* (0.170)
办事人员和服务人员	−0.342*** (0.092)	0.070 (0.049)	−0.379*** (0.097)	−0.082 (0.161)	0.272*** (0.077)	−0.124 (0.125)	−0.475*** (0.111)	−0.055 (0.064)	−0.492*** (0.119)
一般技术职位	−0.353*** (0.123)	0.076 (0.094)	−0.391*** (0.128)	−0.179 (0.200)	0.191* (0.141)	−0.112 (0.132)	−0.487*** (0.159)	−0.026 (0.126)	−0.491*** (0.163)
农林牧渔水利业生产人员	−0.786*** (0.149)	−0.287** (0.134)	−0.857*** (0.162)	−0.794*** (0.233)	−0.390* (0.200)	−0.790*** (0.182)	−0.688*** (0.196)	−0.095 (0.180)	−0.712*** (0.212)
生产运输设备和有关人员	−0.444*** (0.093)	−0.124 (0.113)	−0.482*** (0.099)	−0.364** (0.172)	−0.121 (0.124)	−0.298*** (0.080)	−0.492*** (0.110)	−0.052 (0.126)	−0.506*** (0.118)
N	1 857	1 857	1 857	673	673	673	1 184	1 184	1 184
F统计值	47.737	41.269	41.439	16.564	13.173	14.638	34.363	30.519	29.531
调整 R^2	0.247	0.233	0.246	0.217	0.191	0.221	0.253	0.245	0.252
Sig.	0.000	0.000	0.000	0.000	0.000	0.000	0.000	0.000	0.000

相同教育背景的其他劳动力，教育过度的女性农民工的教育收益率低9.7%，教育不足的女性农民工的教育收益率低21.5%。这个结果说明教育不足对女性农民工收入的负面效应更大。这也意味着如果女性农民工没有找到匹配的工作岗位，处于教育过度或教育不足状态，都会使教育的作用大打折扣，教育过度和教育不足的女性劳动力的教育收益率都受损失。另外，针对女性农民工，V—V模型中教育不足虚拟变量的影响是显著的。这就说明：其一，考虑V—V模型是必要的；其二，按性别区分样本进行分析是必要的。

在基本明瑟收入方程中，男性农民工教育收益率为3.9%，工作实际所需教育水平的教育收益率为7%，远高于不考虑匹配状态多样性时的结果，这说明男性农民工处于教育适配状态时其教育收益率更高。与处于教育适配状态的同事相比，教育过度的男性农民工的教育收益率高12.4%，教育不足的男性农民工的教育收益率低2.8%。控制教育是否适配之后，男性农民工教育收益率为3.4%，相比于具备相同教育背景的其他劳动力，教育过度的男性农民工的教育收益率高16%，教育不足的男性农民工的教育收益率高0.3%。

上述结果（特别是按性别区分样本的结果）揭示了农民工教育收益率具有依教育与工作匹配状态而定的特性；针对农民工样本测算教育收益率时，有必要对传统研究范式（隐含地假设教育与工作是适配的）做出改进；就政策含义而言，减少教育与工作失配现象是提高农民工教育收益率的途径之一。也就是说，无论农民工的教育水平在整体劳动力市场中的位置如何，其本身的教育失配带来了教育收益率的损失。

相比女性农民工，男性农民工的工资收入受个人特征和家庭特征的影响，大于女性农民工。已婚的男性农民工的收入高于单身的男性农民工，签订劳动合同的男性农民工获得的工资收入高于没有劳动合同的男性农民工。与农民工劳动力签订劳动合同的企业或雇主，在聘用程序上遵守劳动力市场的规定，其在规模和正规性等方面也优于按零散员工的方式使用农民工的雇主。但是如何获得这类工作，本身对农民工就具有一定的门槛性。农民工群体对获得可以签订劳动合同的工作存在内部竞争，具有较多信息或者社会关系的农民工可能在职业竞争行列中占据较前的位置。年龄对男性有较为明显的影响,年龄越大,教育收益率越低。党政机关企事业单位负责人的男性农民工的工资收入总是高于从事其他职业男性农民工的工资收入。在以收入为标准的职业排列中,党政机关企事业单位负责人始终处于最优位置。这与党政机关企事业单位负责人的性质有关。

(四)农民工的教育奖励与教育惩罚

从本章第一节的推论可知,如果教育奖励或教育惩罚的值大于1,那么可以认为该效应存在,从表7.6的结果得知,农民工分别在2005年、2010年和2013年表现出明显的教育过度工资溢价和教育不足工资折价。农民工在工作环境中的教育匹配程度,对其有很强的收入效应。即雇主会根据所有劳动力的平均收入和某个劳动力的实际教育水平,来决定支付工资的数量。雇主短期内愿意对教育过度的员工多支付较多的工资,这符合企业的经营行为,比如企业需要保留一些教育程度高于平均教育程度的劳动力,用以提高企业的平均受教育水平,但是教育不足带来的负向影响也非常显著,因为企业会同时缩减教育不足员工的工资。从分性别样本的结果看,女性农民工和男性农民工均表现出教育过度工资溢价和教育不足工资折价的特征。

表7.6　　教育获益与教育惩罚

	2005年			2010年			2013年		
	全部农民工	女性农民工	男性农民工	全部农民工	女性农民工	男性农民工	全部农民工	女性农民工	男性农民工
教育不足获利	1.022	1.060	1.032	0.898	0.936	0.917	1.005	0.972	1.043
教育过度惩罚	0.962	1.014	1.025	0.985	0.992	1.096	0.915	0.881	0.947
教育过度工资溢价	1.151	1.146	1.117	1.129	1.104	1.021	1.154	1.207	1.132
教育不足工资折价	1.084	1.066	1.109	1.204	1.169	1.220	1.052	1.093	1.028

从分析的结果看,教育不足获利和教育过度惩罚的效果则不是很稳定。2005年农民工总体样本和分性别样本的结果呈现明显的教育获利特征;2010年教育获利特征消失;2013年又不均衡地出现在全体样本和男性农民

工群体中,女性农民工群体的这个效应消失。相比教育不足获利特征,教育过度惩罚的效应更不稳定。2005 年,分性别样本表现出明显的教育过度惩罚;但是到 2010 年,只有男性农民工体现教育过度惩罚的特征;到了 2013 年,教育过度惩罚的效应消失。

教育奖励和教育惩罚的结果,显示农民工在劳动力市场中处于双重被动的情形。其一是农民工普遍处于教育不足情形;其二是企业或雇主对农民工的教育失配情形具有收入决定上的话语权,即雇主可以对过度的教育支付溢价工资,也可以针对教育不足缩减工资。这个角度的考量,与收入效应模型的实证结果一致,即在同一份工作中,教育过度的员工的教育收益率普遍高于教育适配的员工,但这只代表短期的效应。

三、本章小结

本章基于农民工教育不足的事实,重点研究了农民工教育失配对其收入带来的影响。结果发现:(1)研究农民工教育收益率时,有必要考虑教育与工作的匹配状态,否则处于隐藏状态的重要事实将被忽略。尽管教育过度的农民工不多,但是对这类人群估算其教育收益状况具有重要意义。(2)在农民工现有的教育水平下,达到教育适配状态其教育收益率明显上升。进一步的研究发现,如果农民工的教育水平达到所在职业的教育要求,则农民工的教育收益率进一步上升。这说明具有相似人力资本背景的农民工,由于处于不同的教育匹配情形,其最终得到的工资水平是存在差异的。(3)如果研究短期内教育过度和教育不足对农民工收入效应的影响,发现企业愿意对农民工的教育过度支付溢价工资,但会减少教育不足农民工的工资收入。所以从这点来说,农民工在教育失配的情形下,教育过度优于教育不足。(4)农民工所在职业要求的教育水平的教育收益率,远高于农民工实际获得教育收益率,也远高于农民工在现有教育水平下处于适配情形时的教育收益率,这再次从收入效应的角度表明,农民工普遍处于教育不足的情形。

第八章　政策含义与研究展望

中国的“三农”问题具有其现实的复杂性，对农村金融市场秩序的完善、农村信用体系的建立也是如此。不管从学术研究的角度，还是实际问题的解决，都具有漫长的过渡过程。在这个过程中，我们从农村社会体现的各种特征去剖析现有问题产生背后的复杂机制，包括经济特征、人口特征、文化特征、社会管理特征等。基于所有的这些努力，才能对我国农村社会的发展、为建设美丽中国做出自己的贡献。通过从现有的金融市场、信用体系、人口教育等多个角度的研究发现，当前我国农村地区出现的很多经济领域中的问题，集中反映在农村地区混乱的金融秩序上，实际上也是农村地区新旧金融制度之间的冲突。农村地区旧的金融体系已经没有办法满足新的社会主义经济发展的需求，也不符合农户在经济和金融领域中的主体地位的变迁。所以不仅要对农村地区的经济进行改革，也要及时调整农村地区的金融机构，改变农户在金融市场中处于弱势地位的现状。基于普惠金融的金融政策特征指向，本书从分析农村金融发展轨迹、农村信用体系建设基本现实、农村人口特征，尤其是农村劳动力的非农就业、农村人口的教育等各个角度，为完善农村地区信用体系建设搭建各个角度的平台。基于现有的研究基础，尝试提出一些建议，用于农户信用风险的控制，最终服务于农村金融市场。

农村地区现有的信用发展的一个显著特征是依然以生存信贷为目的的信用关系，并且因为农户和正规金融市场之间的单项依赖关系，现有的以生存借贷为主要目的的信用关系在很多农村地区依赖于非正规金融市场。而农户和正规金融与非正规金融之间的关系正好相反，前者形成储蓄关系，后者是借贷关系。农村地区现有的教育状况，即经济主体个体的教育背景对信用形成和信用体系的建立有很大的影响,也会内化的影响其信用意识。随着农村劳动经济生产行为的不断变化,只有通过农村金融资产结构的改革,建立农村信用体系建立的制度性保障,才能更好地服务于农村经济的发展。

基于"三农"问题在我国的重要性,以及农户和农村在我国经济发展中的地位,完善农村地区金融市场,并使农户收益,最基础的是从政策上给予一定的倾斜。政府增加对农村金融市场的政策性资金的供给,增强建立发展农村地区的正规金融组织和机构,比如中国农业银行、农业发展银行和农村信用社等。通过发展正规金融机构从而服务于农村地区的经济和社会发展。此外,政策上的倾斜还包括对服务部门和对象补贴,比如免除信用社的营业税、降低或减免所得税税率、返还所得税等。此外,还可以采取机构风险补偿的方式,提高相应机构在农村市场的发展动力和竞争力。

其次,任何一个国家的金融体系的顺利实施,都离不开国家颁布的相关法律法规来规范和约束金融体系的发展。农村金融市场的发展和农村地区信用体系的建立,离不开完善的法律体系作为支撑。通过法律体系的不断完善,增加农村地区的金融产品,鼓励和引导政策性银行逐步加大对农村金融服务的支持力度,加大信贷投放。加强相关政策指引,鼓励相关金融机构开展熟人信贷、互联互保等农村金融业务,既不浪费农村本土特征对农村金融发展、农户信用建立的有益效用,也能结合法律体系使其正规化。并进一步鼓励相关农村金融机构开展诸如土地使用权、林权等一些符合农村特点的抵押质押贷款业务,提高农户信用建立的稳定性和可操作性。

再次,结合我国农村保险业务不发达的特征,未来通过建立农村保险,促进农户进入金融市场的竞争力,并提高农户信用建立的可操作性。结合农村保险体制的建立,进一步促进农户信用风险的控制。参考国际案例,通过有效的保险法规对农业保险的保险原则、保险责任、组织机构协调、政府补贴建立详细规定,从而将保险文本作为信用支撑纳入农村金融体系中。并通过综合性的农村保险业务,扩大农产品在金融市场上的使用范围和使用效率。

此外,建立全民信用体系尤为重要。在目前的金融体系中,没有统一标准的信用评估体系成为农户进入农村正规金融的门槛，也提高了金融机构在农村地区展开业务的风险。将全民征信体系更好地推广到农村，使农户在征信体系中由被动转为主动的角色，有利于其更好地获取农村正规金融服务资源。

最后，农村金融的合理、有序的发展，不仅依赖于宏观的社会和政策环境，还依赖于农户，所以要从微观层面加强对农户的合作精神的引导。目前在部分农村中出现短期逐利行为，以及存在一些自私、保守和狭隘的现象，这些行为和意识既不利于金融的稳定发展，也不利于农户信用体系的建立。要想提高制度效率，就必须把这个过程落实到农户身上。

参考文献

姜丽明，邢桂君，朱秀杰，李玉翠，中国银监会合作金融机构监管部课题组. 普惠金融发展的国际经验及借鉴[J]. 国际金融，2014(3).

高建平，曹占涛. 普惠金融的本质与可持续发展研究[J]. 金融监管研究，2014(8).

刘玲玲，杨思群. 中国农村金融发展研究[M]. 北京：清华大学出版社，2007.

刘锡良. 中国经济转轨时期金融安全问题研究[M]. 北京：中国金融出版社，2004.

吴宏洛. 论劳动力市场的制度性分割与非农就业障碍[J]. 福建师范大学学报，2004(5).

蔡昉. 破解农村剩余劳动力之谜[J]. 中国人口科学，2007(2).

宋国凯. 分群体分阶段逐步改革农民工体制问题——基于农民工分化与社会融合的思考[J]. 北京工业大学学报(社会科学版)，2012(2).

Emily Hannum，Wang Meiyan. 1990 年以来中国各民族人口教育发展研究[J]. 人口学刊，2012(3).

谢童伟，吴方卫. 农村居民家庭纯收入构成及影响因素差异分析[J]. 上海财经大学学报，2010(8).

周晓，朱农. 论人力资本对中国农村经济增长的作用[J]. 中国人口科学，2003(6).

宋晓瑞. 对当前农村信用体系建设工作的思考[J]. 华北金融，2015(2).

王树娟等. 构建农村信用社农户信用体系初探[J]. 金融理论与实践，2005(10).

王爱俭. 信用理论与信用风险防范[M]. 北京:中国金融出版社,2003.

吴晶妹,林钧跃. 信用经济学[M]. 北京:高等教育出版社,2015.

约瑟夫·熊彼特. 经济分析史[M]. 北京:商务印书馆,2015.

张承惠,潘光伟. 中国农村金融发展报告[M]. 北京:中国发展出版社,2016.

李斌,伍戈. 信用创造、货币供求与经济结构[M]. 北京:中国金融出版社,2014.

费孝通. 乡土中国[M]. 北京:人民出版社,2015.

程名望等. 中国农村劳动力转移动因与障碍的一种解释[J]. 经济研究,2006(4).

范皑皑. 大学生人力资本的过度与不足[J]. 北京大学教育评论,2012(4).

国务院发展研究中心农村经济研究部. 中国农村教育收益率的实证分析[J]. 农业技术经济,2007(4).

汉密尔顿. 应用 STATA 做统计分析[M]. 郭志刚等译. 重庆:重庆大学出版社,2011.

黄志岭,逯岩,樊小刚. 过度教育的收入效应实证研究[J]. 财经论丛,2010(6).

黄斌,高蒙蒙,查晨婷. 中国农村地区教育收益与收入差异[J]. 中国农村经济,2014(11).

陆慧. 我国城乡教育收益率的变化趋势研究[J]. 农业技术经济,2014(1).

刘泽云,萧今. 教育投资收益分析[M]. 北京:北京师范大学,2004.

刘泽云,邱牧远. 中国农村工资性就业教育收益率的估计[J]. 北京师范大学学报(社会科学版),2011(6).

罗润东,彭明. 过度教育及其演变趋势分析[J]. 经济社会体制比较,2010(5).

宁光杰. 自选择与农村剩余劳动力非农就业的地区收入差异[J]. 经济研究,2012(2).

王广慧,徐桂珍. 教育—工作匹配程度对新生代农民工收入的影响[J]. 中国农村经济,2014(6).

武向荣. 中国过度教育的收入效应[J]. 北京大学教育评论,2007(2).

易莹莹. 我国农村就业人口的教育收益率测度——基于半参数计量模型的估计[J]. 安徽农业科学,2012(15).

胡景北. 工资增长的发展经济学导论[M]. 上海:上海财经大学出版社,1997.

杜鹰. 现阶段中国农村劳动力流动的群体特征与宏观背景分析[J]. 中国农村经济,1997(6).

李实,赵人伟. 中国居民收入分配再研究[M]. 北京:中国财政经济出版社,1999.

赵树凯. 农民流动的观察与研究[M]. 北京:中国农业出版社,1998.

都阳,朴之水. 迁移与减贫——来自农户调查的经验调查[J]. 中国人口科学,2003(4).

马忠东,张为民,梁在,崔红艳. 劳动力流动:中国农村收入增长的新因素[J]. 人口研究,2004(3).

王小鲁,樊纲. 中国地区差距的变动趋势和影响因素[J]. 经济研究,2004(1).

林毅夫,蔡昉,李周. 中国经济转型时期的地区差距分析[J]. 经济研究,1998(6).

潘文卿. 中国农业剩余劳动力转移效益测评[J]. 统计研究,1999(16).

姚枝仲,周素芳. 劳动力流动与地区差距[J]. 世界经济,2003(4).

林毅夫. 发展战略与经济改革[M]. 北京:北京大学出版社,2004.

世界银行. 2008年世界发展报告:以农业促发展[M]. 北京:清华大学出版社,2008.

段平忠,刘传江. 人口流动对经济增长地区差距的影响[J]. 中国软科学,2005(12).

段小梅. 人口流动模型与我国农村剩余劳动力转移研究[J]. 农村经济,2003(3).

刘学军,赵耀辉. 劳动力流动对城市劳动力市场的影响[J]. 经济学(季刊),2009(8).

沈坤荣,唐文健. 大规模劳动力转移条件下的经济收敛性分析[J]. 中国社会科学,2006(5).

邓曲恒. 城镇居民与流动人口的收入差异——基于 Oaxaca-Blinder 和 Quantile 方法的分解[J]. 中国人口科学,2007(2).

许召元,李善同. 区域间劳动力迁移对经济增长和地区差距的影响[J]. 数量经济技术经济研究,2008(2).

蔡昉. 农村剩余劳动力流动的制度性障碍分析——解释流动与差距同时扩大的悖论[J]. 经济学动态,2005(1).

李小平,陈勇. 劳动力流动、资本转移和生产率增长——对中国工业“结构红利假说”的实证检验[J]. 统计研究,2007(7).

朱海就,周颖. 劳动力流动中的外部性问题分析[J]. 人口与经济,2000(3).

罗霞,王春光. 新生代农村流动人口的外出动因与行动选择[J]. 浙江社会科学, 2003(1).

汪段泳,朱农. 中国城市化发展决定因素的地区差异[J]. 中国人口·资源与环境,2007(1).

李实. 中国经济转轨中劳动力流动模型[J]. 经济研究,1997(1).

高迎斌. 农业剩余劳动力转移与小城镇建设[J]. 农业经济,2000(12).

刘继兵. 农业剩余劳动力转移、农民收入与农村经济增长——基于湖北省农业剩余劳动力变动的实证分析[J]. 湖北社会科学,2005(10).

张呈琮. 人口迁移流动与农村人力资源开发[J]. 人口研究,2005(1).

宁光杰. 自我雇佣还是成为工资获得者?——中国农村外出劳动力的就业选择和收入差异[J]. 管理世界,2012(7).

王美艳. 城市劳动力市场上的就业机会与工资差异——外来劳动力就业与报酬研究[J]. 中国社会科学,2005(5).

陈钊,陆铭. 从分割到融合:城乡经济增长与社会和谐的政治经济学[J]. 经济研究,2008(1).

高文书. 进城农民工就业状况及收入影响因素分析——以北京、石家庄、沈阳、无锡和东莞为例[J]. 中国农村经济,2006(1).

蔡昉. 破解农村剩余劳动力之谜[J]. 中国人口科学,2007(2).

侯风云. 中国农村劳动力剩余规模估计及外流规模影响因素的实证分析[J]. 中国农村经济,2004(3).

王检贵,丁守海. 中国究竟还有多少农业剩余劳动力[J]. 中国社会科学,2005(5).

侯鸿翔. 中国农村隐性失业问题研究[J]. 中国农村观察,2000(5).

陈杨乐. 中国农业剩余劳动力规模及滞留经济代价研究[J]. 人口与经济,2001(2).

胡鞍钢. 中国就业状况分析[J]. 管理世界,1997(3).

刘建进. 一个农户劳动力模型及有关农业剩余劳动力的实证研究[J]. 中国农村经济,1997(6).

谢培秀. 关于中国农村剩余劳动力数量的估计[J]. 中国人口·资源与环境,2004(1).

李子奈. 如何转移农村剩余劳动力[J]. 经济学家,2000(4).

陆学艺. "三农"新论:当前中国农业、农村、农民问题研究[M]. 北京:社会科学文献出版社,2005.

李勋来,李国平. 农村劳动力转移模型及实证分析[J]. 财经研究,2005(6).

章铮. 农业劳动力合理数量的估算[J]. 中国农村经济,1995(10).

陈锡康. 中国城乡经济投入占用产出分析[M]. 北京:科学出版社,1992.

王红玲. 关于农业剩余劳动力数量的估计方法与实证分析[J]. 经济研究,1998(4).

李文. 城市化滞后的经济后果分析[J]. 中国社会科学,2001(4).

韩纪江. 中国农村劳动力的剩余分析[J]. 中国农村经济,2003(5).

吴忠民. 转型经济下中国的城市失业及劳动力流动[J]. 经济学(季刊),2003(2).

张宗益,周勇,卢顺霞,陈义华. 西部地区农村外出劳动力回流:动因及其对策[J]. 统计研究,2007(12).

邓一鸣. 论二元经济结构时期农业增长与就业结构转换——兼论农业劳动力转移机制[J]. 中国农村经济,1989(7).

龚玉泉,袁志刚. 中国经济增长与就业增长的非一致性及其形成机理[J]. 经济学动态,2002(10).

金耀基. 金耀基社会文选[M]. 台北:幼狮文化事业公司,1985.

谢立中,(法)罗兰主编. 社会学知识的建构:后西方社会学的探索[M]. 北京:北京大学出版社,2017.

胡必亮. 关系与农村人口流动[J]. 农业经济问题,2004(11).

高虹,陆铭. 社会信任对劳动力流动的影响——中国农村整合型社会资本的作用及其地区差异[J]. 中国农村经济,2010(3).

李克强,林建,姜璐. 关于劳动力迁移决策的模型分析[J]. 系统工程理论与实践,2004(24).

郭金兴. 剩余劳动的理论发展、估算方法与中国经验[J]. 中国农村观察,2008(5).

霍利斯·钱纳里,莫伊思·赛尔昆. 发展的型式:1950—1970[M]. 李新华等译. 北京:经济科学出版社,1988.

杨筠. 西部少数民族人口城市化的特征——非剩余劳动力大尺度异地城市化[J]. 改革与战略,2008(24).

农业部课题组. 21 世纪初期我国农村就业及剩余劳动力利用问题研究[J]. 中国农村经济,2000(5).

王光栋,李余华. 中部地区农村劳动力跨区域流动的特征[J]. 统计与决策,2004(12).

柳建平,张永丽. 劳动力流动对贫困地区农村经济的影响——基于甘肃 10 个贫困村调查资料的分析[J]. 中国农村观察,2009(3).

樊士德,姜德波. 劳动力流动与地区经济增长差距研究[J]. 中国人口科学,2011(2).

危丽,杨先斌. 农村劳动力转移的博弈分析——对托达罗模型在我国的适用性研究[J]. 经济问题,2005(9).

白云涛，甘小文. 劳动力迁移的博弈分析[J]. 企业经济，2006(8).

睢党臣，夏禹，刘兴华. 中国劳动收入份额的影响因素探析——兼论我国各地区政策选择[J]. 陕西师范大学学报(哲学社会科学版)，2012(3).

刘纯阳. 人力资本投资对贫困地区农民增收作用的实证分析——对湖南西部贫困县的实证分析[J]. 教育与经济，2005(2).

毛圆圆，李白. 农村交通基础设施投资对农民收入影响的区域比较——基于中国30个省区1999—2008年的面板数据分析[J]. 湖南农业大学学报(社会科学版)，2010(11).

李聪，李树茁，费尔德曼，邰秀军. 劳动力迁移对西部贫困山区农户生计资本的影响[J]. 人口与经济，2010(6).

刘秀兰，胡文君，付勇. 西部民族地区产业结构对农民收入影响的实证研究[J]. 西南民族大学学报(人文社科版)，2010(7).

潘文卿，张伟. 21世纪前20年中国经济增长前景展望:基于供给导向模型与需求导向模型的对比分析[J]. 预测，2001(3).

孔有利，王荣. 劳动力流动与江苏无锡市的经济增长[J]. 南京农业大学学报，2004(4).

白南生，宋洪远. 回乡，还是进城？中国农村外出劳动力回流研究[M]. 北京:中国财政经济出版社，2002.

卓勇良. 空间集中化战略[M]. 北京:社会科学文献出版社，2000.

都阳，Albert Park. 中国的城市贫困:社会救助及其效应[J]. 经济研究，2007(12).

Ingrid Nielsen. Subjective Well-Being of China's Off-Farm Migrants [J]. Journal of Happiness Studies，2010，11(3):315—333.

M Ruhs，B Anderson. Semi-compliance and Illegality in Migrant Labour Markets:An Analysis of Migrants，Employers and the State in the UK [J]. Population Space & Place，2010，16(3):195—211.

J R Harris，M P Todaro. Migration，Unemployment and Development: A Two-Sector Analysis[J]. American Economic Review，1970，60(1):126—142.

J R Harris, R H Sabot. Urban Unemployment in LDCs: Towards a More General Search Model[M]. Westview Press, 1982.

D W Jorgenson, Z Griliches. The Explanation of Productivity Change [J]. Review of Economic Studies, 1967, 34(3): 249—283.

A Mas-Colell, H Sonnenschein. General Possibility Theorems for Group Decisions[J]. Review of Economic Studies, 1972, 39(2): 185—192.

A R Khan, C Riskin. Income and Inequality in China: Composition, Distribution and Growth of Household Income, 1988 to 1995[J]. China Quarterly, 1998, 154(154): 221—253.

R Kanbur, X Zhang. Fifty Years of Regional Inequality in China: a Journey Through Central Planning, Reform and Openness[J]. Review of Development Economics, 2004, 9(1): 87—106.

L A Sjaastad. The Costs and Returns of Human Migration[J]. Journal of Political Economy, 1962, 70(5): 80—93.

L J Castro, A Rogers. Patterns of Family Migration: Two Methodological Approaches[J]. Environment & Planning A, 1983, 15(2): 237—254.

L Squire, S Suthiwart-Narueput. The Impact of Labor Market Regulations[J]. Social Science Electronic Publishing, 2013, 11(1): 119—143.

S Kannappan. Urban Employment and the Labor Market in Developing Nations[J]. Economic Development & Cultural Change, 1985, 33(4): 699—730.

P Gregory. The Impact of Institutional Factors of Urban Labor Markets. World Bank Report, 1975.

Kinglun Ngok, Joseph Y. S. Cheng. The Role of Migrant Labour in China's Labour Policy[J]. Journal of Comparative Asian Development, 2010, 9(2): 347—368.

Stark. The Migration of Labor[M]. Basil Blackwell, 1991.

C Dustman, T Frattini. Nothing is "hidden" in Our Report on the Fiscal Effects of Recent UK Immigration. 2013 Report.

I Chen, N Hu, Q J Zhang, Y Gu. Relationships between Social Support Cognition Types and Family Resource Management of Chinese Migrant Workers[J]. Social Behavior & Personality An International Journal, 2012, 40(7): 1031—1038.

Q Xu, D D Perkins, C C Chow. Sense of Community, Neighboring, and Social Capital as Predictors of Local Political Participation in China[J]. American Journal of Community Psychology, 2010, 45(3—4): 259.

E Hannum, M Wang. Geography and Educational Inequality in China [J]. China Economic Review, 2006, 17(3): 253—265 .

Hunt, S John. Income Determinants for College Graduates and the Return to Educational Investment[J]. Educational Horizons, 1987, 65: 58—65.

D Chiquiar, G H Hanson. International Migration, Self-Selection, and the Distribution of Wages: Evidence from Mexico and the United States[J]. Journal of Political Economy, 2005, 113(2): 239—281.

S Bowles. Schooling and Inequality from Generation to Generation. J Polit Econ 80: S219—S251[J]. Journal of Political Economy, 1972, 80(3): 219.

Y Wang, L Gu. Mechanism of Human Resource Development to Build a Harmonious Labor Relations[J]. China Labor, 2016.

J Hunt. Innis Lecture: Are Migrants More Skilled than Non-Migrants? Repeat, Return, and Same-Employer Migrants[J]. Canadian Journal of Economics, 2004, 37(4): 830—849.

A Banerjee, M Bertrand, S Datta, S Mullainathan. Labor Market Discrimination in Delhi: Evidence from a Field Experiment[J]. Journal of Comparative Economics, 2009, 37(1): 14—27.

G S Fields. Rural-urban Migration, Urban Unemployment and Underemployment, and Job-search Activity in LDCs[J]. Journal of Development Economics, 1975, 2(2): 165.

Cole, William E&Sanders, Richard D. Internal Migration and Urban

Employment in the Third World[J]. American Economic Review, 1985, 75 (3): 481—494.

Santiago, Carlos E & Thorbecke, Erik. A Multisectoral Framework for the Analysis of Labor Mobility and Development in LDCs: An Application to Postwar Puerto Rico[J]. Economic Development and Cultural Change, 1988, 37(1): 127—148.

Chiswick, Barry R. Sons of Immigrants: Are They at an Earnings Disadvantage? [J]. American Economic Review. American Economic Association, 1977, 67(1): 376—380.

Teilhet-Waldorf, Saral & Waldorf, William H. Earnings of Self-Employed in an Informal Sector: A Case Study of Bangkok[J]. Economic Development and Cultural Change, 1983, 31(3): 587—607.

Blau, David M. Self-employment, Earnings, and Mobility in Peninsular Malaysia[J]. World Development, 1986, 14(7): 839—852.

Blau, David M. The Effects of Economic Development on Life Cycle Wage Rates and Labor Supply Behavior in Malaysia[J]. Journal of Development Economics, 1985, 19(1—2): 163—185.

George E. Johnson. Non-Linearities in the Labor Market Adjustment Process. Working Papers, 1967. Princeton University, Department of Economics.

McCulloch, Rachel & Yellen, Janet L. Factor Mobility, Regional Development, and the Distribution of Income[J]. Journal of Political Economy, 1977, 85(1): 79—96.

Berry, R Albert & Soligo, Ronald. Some Welfare Aspects of International Migration[J]. Journal of Political Economy, 1969, 77(5): 778—794.

Lorene Yap. Internal Migration and Economic Development in Brazil [J]. The Quarterly Journal of Economics, Oxford University Press, 1976, 90 (1): 119—137.

Falaris, Evangelos M. A Nested Logit Migration Model with Selectivity

[J]. International Economic Review, 1987, 28(2): 429—443.

Pessino, Carola. Sequential Migration Theory and Evidence from Peru [J]. Journal of Development Economics, 1991, 36(1): 55—87.

Vijverberg, W. P. M. Labor Market Performance as A Determinant of Migration[M]. World Bank, 1989.

Greenwood, Michael J. Migration and Economic Growth in the United States[M]. Elsevier, 1981.

Garcia-Ferrer, Antonio. Interactions between Internal Migration, Employment Growth, and Regional Income Differences in Spain[J]. Journal of Development Economics, 1980, 7(2): 211—229.

Salvatore, Dominick. A Simultaneous Equations Model of Internal Migration with Dynamic Policy Simulations and Forecasting: Italy, 1952—1976 [J]. Journal of Development Economics, 1980, 7(2): 231—246.

Becker, Charles M & Mills, Edwin S & Williamson, Jeffrey G. Modeling Indian Migration and City Growth, 1960—2000[J]. Economic Development and Cultural Change, 1986, 35(1).

Adelman, I. & Hopkins, M. J. D. & Robinson, S. & Rodgers, G. B. & Wery, R. A Comparison of Two Models for Income Distribution Planning [J]. Journal of Policy Modeling, 1979, 1(1): 37—82.

Lipton, Michael. Migration from Rural Areas of Poor Countries: The Impact on Rural Productivity and Income Distribution[J]. World Development, Elsevier, 1980, 8(1): 1—24.

Bert F. Hoselitz. The Role of Cities in the Economic Growth of Underdeveloped Countries[J]. Journal of Political Economy, 1953, 61: 195.

Williamson, Oliver E. The Logic of Economic Organization[J]. Journal of Law, Economics, and Organization, 1988, 4(1): 65—93.

Lee E. Preston. Corporate and Governmental Deviance; Ethics, Free Enterprise, and Public Policy[J]. Journal of Economic Issues, 1979, 13(3): 816—819.

Berry, Albert & Sabot, R H. Unemployment and Economic Development[J]. Economic Development and Cultural Change, 1984, 33(1): 99-116.

Becker, Charles M & Morrison, Andrew R. The Determinants of Urban Population Growth in Sub-Saharan Africa[J]. Economic Development and Cultural Change. 1988, 36(2), 259-278.

Falaris, Evangelos M. A Nested Logit Migration Model with Selectivity[J]. International Economic Review, Department of Economics, 1987, 28(2): 429-443.

Greenwood, Peter H & Ingene, Charles A. Uncertain Externalities, Liability Rules, and Resource Allocation[J]. American Economic Review, 1978, 68(3): 300-310.

Schultz, T Paul. Lifetime Migration within Educational Strata in Venezuela: Estimates of a Logistic Model[J]. Economic Development and Cultural Change. 1982, 30(3): 559-593.

Barnum, H N & Sabot, R H. Education, Employment Probabilities and Rural-Urban Migration in Tanzania[J]. Oxford Bulletin of Economics and Statistics, 1977, 39(2): 109-126.

Banerjee, Biswajit & Kanbur, S M. On the Specification and Estimation of Macro Rural-Urban Migration Functions: With an Application to Indian Data[J]. Oxford Bulletin of Economics and Statistics, 1981, 43(1): 7-29.

Lucas, Robert E B. Migration Amongst the Botswana[J]. Economic Journal, 1985, 95(378): 358-382.

R. Alton Gilbert, Gregory E. Sierra. The Financial Condition of U. S. Banks: How Different are Community Banks? Working papers from IDEAS.

Christiansen, Connie Care. Migrants and Non-Migrants in Küükkale: Consumption and Cultural Differentiation in the Transnational Village[J]. Journal of Ethnic and Migration Studies, 2013, 39(1): 161-178.

Giersch, Herbert, SpringerLink(Online service). Economic Aspects of

International Migration a Publication of the Egon-Sohmen-Foundation. Berlin, Heidelberg: Springer Berlin Heidelberg, 1994. http://dx. doi. org/10. 1007/978—3—642—78749—2.

Guldenmund, Frank, Bryan Cleal, Kathryn Mearns. An Exploratory Study of Migrant Workers and Safety in Three European Countries[J]. Safety Science, 2013(52): 92—99.

Kwok-Bun, C, C. Pluss. Modeling Migrant Adaptation: Coping with Social Strain, Assimilation, and Non-Integration[J]. International Sociology, 2013, 1(28): 48—65.

Pluss, C. Migrants' Social Positioning and Inequalities: The Intersections of Capital, Locations, and Aspirations[J]. International Sociology, 2013, 1(28): 4—11.

Shi, Guanming, Carl Pray. Modeling Agricultural Innovation in a Rapidly Developing Country: The Case of Chinese Pesticide Industry[J]. Agricultural Economics, 2012, 4(43): 379—390.

Stark, Oded. Economic-Demographic Interactions in Agricultural Development: The Case of Rural-to-Urban Migration Population and Agricultural Development. Rome: Food and Agriculture Organization of the United Nations, 1978.

Stark, Oded, Mark R. Rosenzweig. Consumption-Smoothing, Migration and Marriage: Evidence from Rural India Paper. Research of Developing Countries, 1989.

Thanh Nguyen, Trung, Viet-Ngu Hoang, Bumsuk Seo. Cost and Environmental Efficiency of Rice Farms in South Korea[J]. Agricultural Economics, 2012, 4(43): 369—378.

Villoria, Nelson. The Effects of China's Growth on the Food Prices and the Food Exports of Other Developing Countries[J]. Agricultural Economics, 2012, 5(43): 499—514.

Waite Louise. Neo-Assimilationist Citizenship and Belonging Policies in

Britain：Meanings for Transnational Migrants in Northern England[J]. Geoforum，2012，2(43)：353－361.

Zhang，Qiang. An Analysis of Causes for Loss of Cultural Rights of Migrant Workers[J]. Asian Social Science，2012，8(13).

Zhang，Shuya，Guoliang Luo. China's Migrant Workers：How Far from Being Citizens? [J]. Asian Social Science，2012，1(9).

Borjas，Bronars，Trejo. Assimilation and the Earning of Young Internal Migrants[J]. Review of Economics & Statistics，1992，74(1)：170－175.

Borjas. The Economics of Immigration[J]. Journal of Economic Literature，1994，12：1667－1717.

Chen Zhao，Lu Ming，He Junzhi. Rural-Urban Segmentation and Lack of Social Security of City Migration[J]. The Journal of World Economy，2008(6).

Chen Zhao，Lu Ming. China's Permanent and Temporary Migrants：Differentials and Changes，1990－2000[J]. Economic Research Journal，2008(1).

Cai Qiang. Migrant Remittances and Family Ties：A Case Study in China[J]. International Journal of Population Geography，2003.

Carrillo Garcia. Rural-Urban Migration in China：Temporary Migration in Search of Permanent Settlement. Portal，2004.

Camelia Minoiu，Sanjay Reddy. Chinese Poverty：Assessing the Impact of Alternative Assumptions[J]. Review of Income and Wealth，2008(4).

C. Cindy Fan，Mingjie Sun. Regional Inequality in China，1978－2006[J]. Journal of Economic Literature，2011.

Cheng Mingwang. Rural Labor Migrations：Mechanism，Motivation and Obstacles. Shanghai Jiaotong University，2007.

Chen Zhao，Lu Ming. From Division to Integration：The Political Economics for Rural-Urban Growth and Social Harmony[J]. Chinese Journal of Population Science，2007(2).